ひとり暮らし安心ガイド

造事務所編

メディアパル

ひとり暮らしを始めるあなたへ

進学や就職で、ひとり暮らしを始めるときには、「どこに住む？」「間取り図ってどうやって見る？」「引越しの手続きって？」などの疑問が出てきます。

また、ひとり暮らしを始めると買い物や料理、掃除、洗濯を本格的にこなしていかなければなりません。

本書では、物件の見つけ方やお得な引越し術、家事の基本をイラストや図、表を使ってわかりやすく解説します。見落としがちな注意点、トラブルや、もしものケースへの対処法もまとめました。

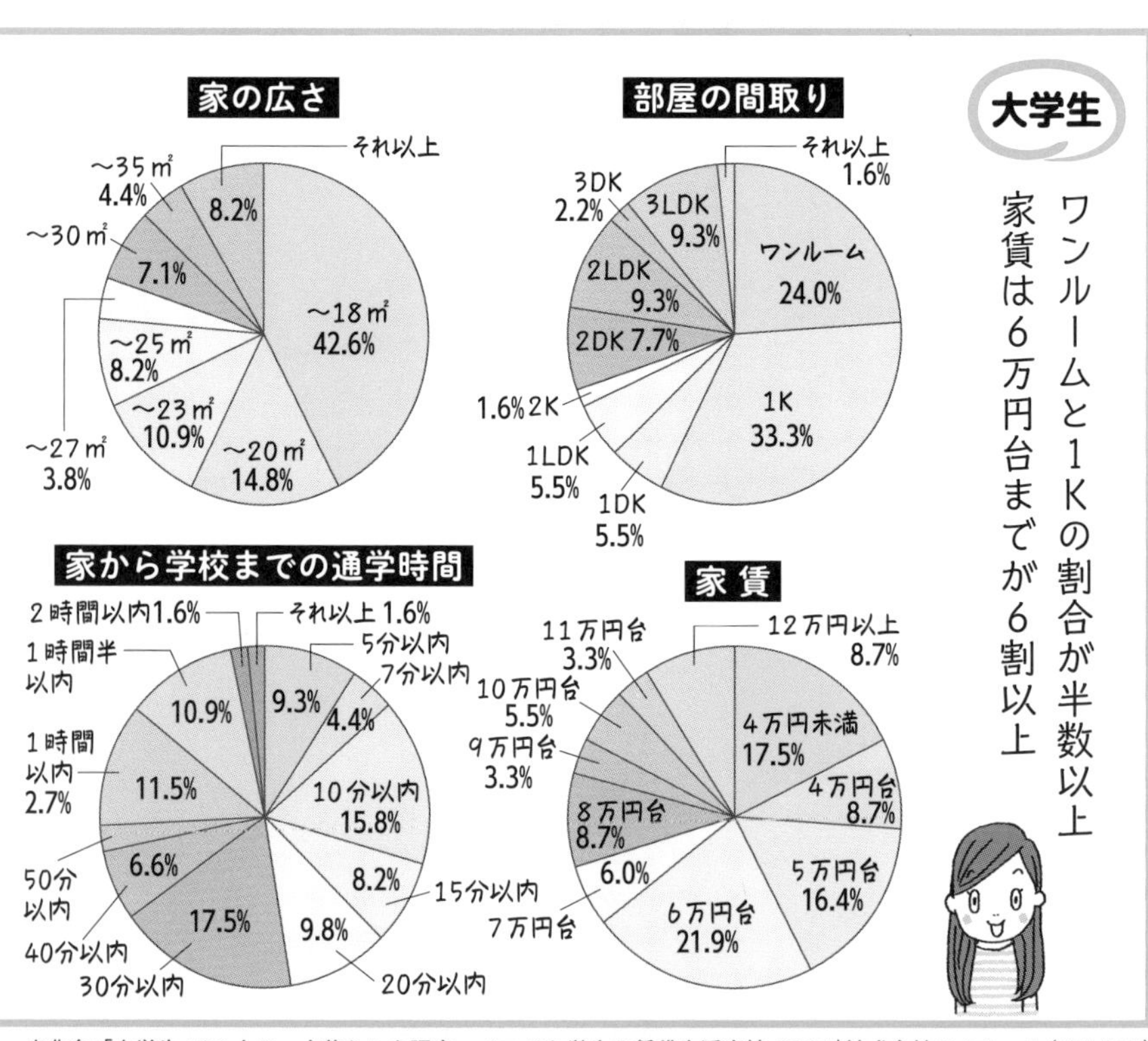

出典名：「大学生183人の一人暮らしを調査　イマドキ学生の賃貸生活事情2021」株式会社リクルート（SUUMO）

では、実際にひとり暮らしをしているセンパイたちは、どんな部屋に住み、どんな暮らしをしているのでしょうか。下に、大学生と社会人に対するアンケート結果をまとめました。部屋の間取りや広さ、家賃の目安となるでしょう。

さらに次のページでは、家探しで重視することや家事の頻度などのアンケート結果を紹介しています。自分がどんな部屋でどんな生活をするのか、イメージするのに役立ちます。

みなさんの「はじめてのひとり暮らし」の第一歩として、本書を活用していただければ幸いです。

造事務所

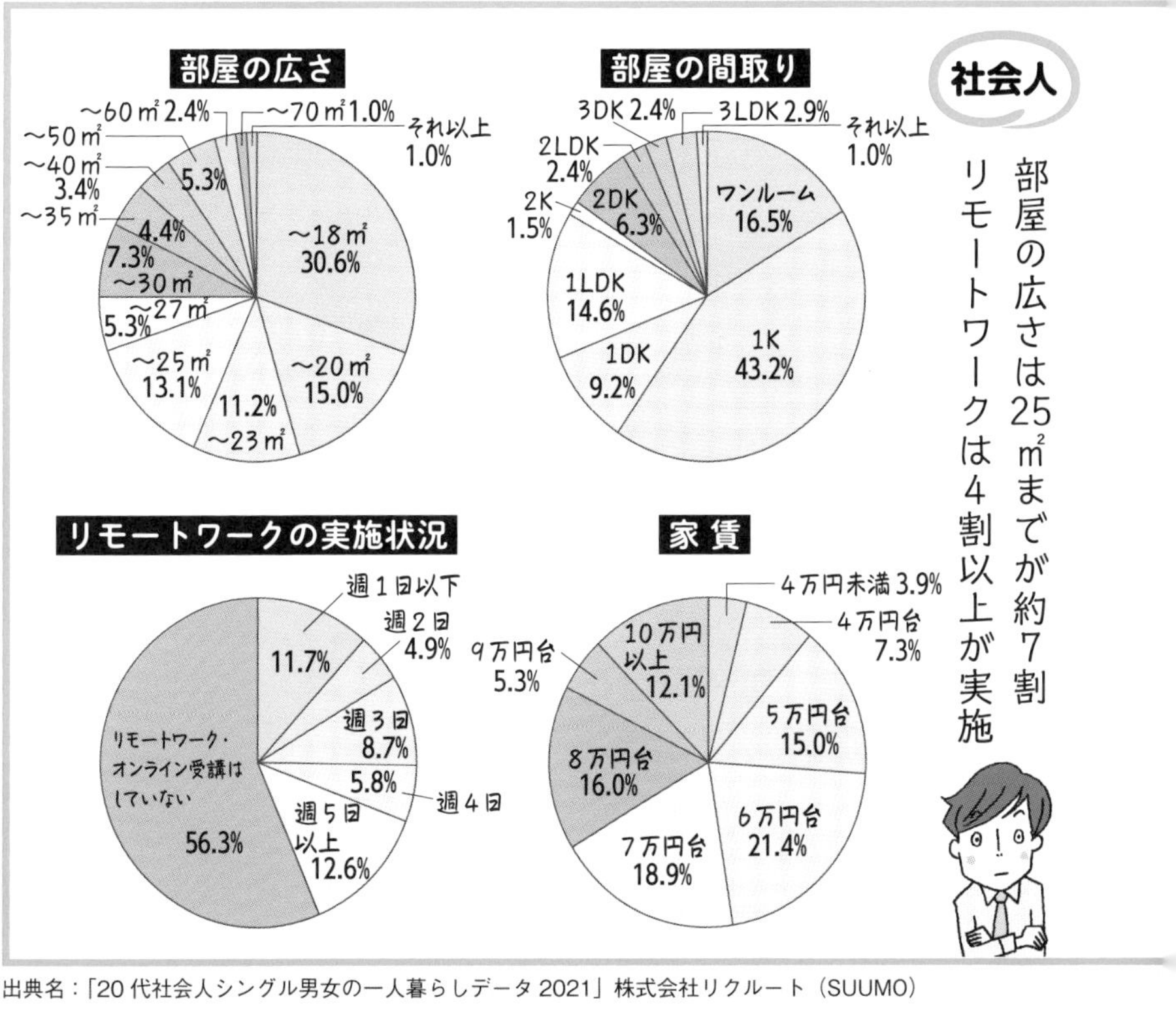

社会人

部屋の広さは25㎡までが約7割
リモートワークは4割以上が実施

部屋の広さ

〜18㎡ 30.6%
〜20㎡ 15.0%
〜23㎡ 11.2%
〜25㎡ 13.1%
〜27㎡ 5.3%
〜30㎡ 7.3%
〜35㎡ 4.4%
〜40㎡ 3.4%
〜50㎡ 5.3%
〜60㎡ 2.4%
〜70㎡ 1.0%
それ以上 1.0%

部屋の間取り

ワンルーム 16.5%
1K 43.2%
1DK 9.2%
1LDK 14.6%
2K 1.5%
2DK 6.3%
2LDK 2.4%
3DK 2.4%
3LDK 2.9%
それ以上 1.0%

リモートワークの実施状況

週1日以下 11.7%
週2日 4.9%
週3日 8.7%
週4日 5.8%
週5日以上 12.6%
リモートワーク・オンライン受講はしていない 56.3%

家賃

4万円未満 3.9%
4万円台 7.3%
5万円台 15.0%
6万円台 21.4%
7万円台 18.9%
8万円台 16.0%
9万円台 5.3%
10万円以上 12.1%

出典名：「20代社会人シングル男女の一人暮らしデータ2021」株式会社リクルート（SUUMO）

環境・設備

家探しで8割以上が重視するのは家賃 なくて困ったのは宅配ボックスやコンロ2口以上

家を探すときに重視する項目

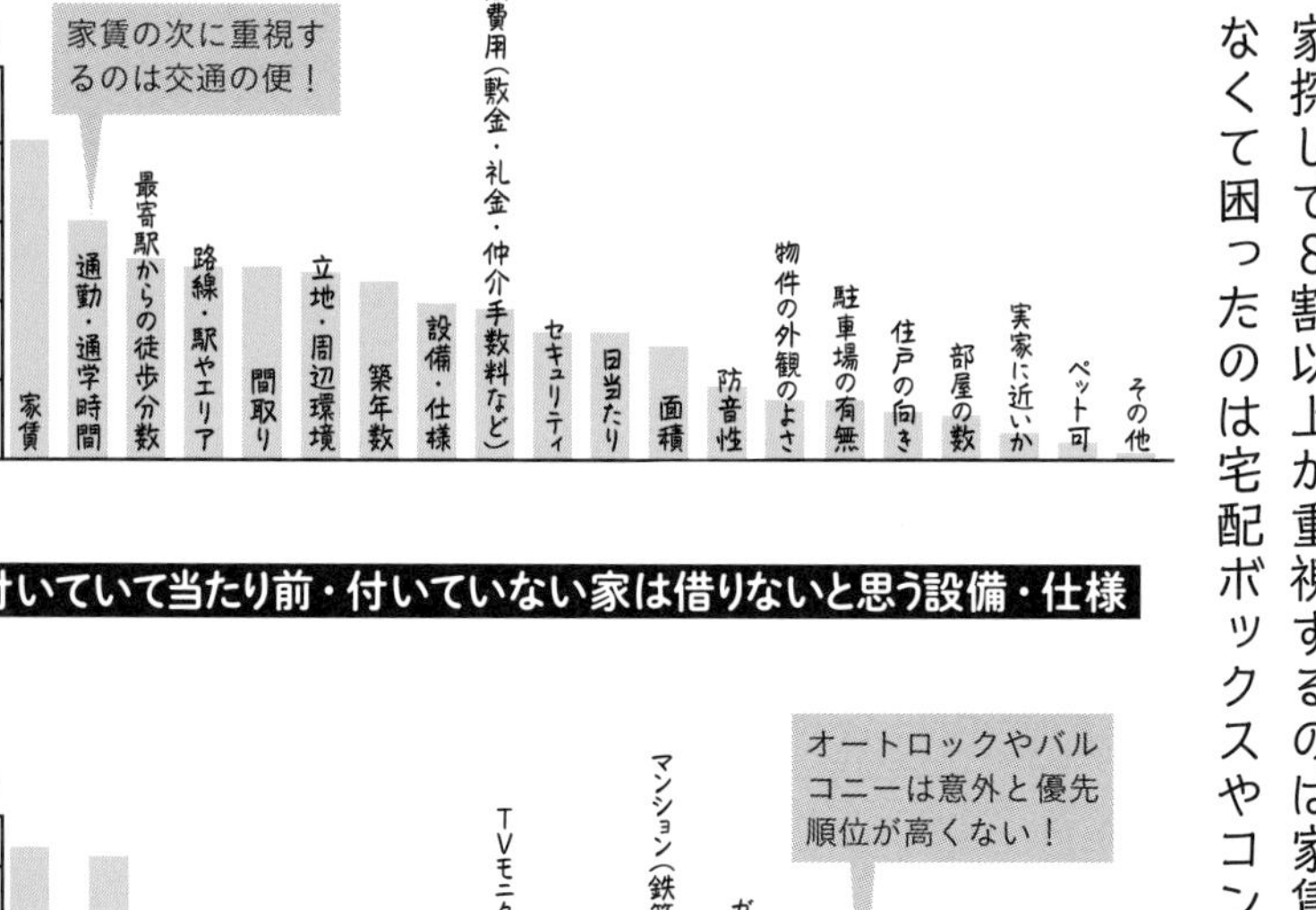

「付いていなくて後悔した」と思う設備・仕様

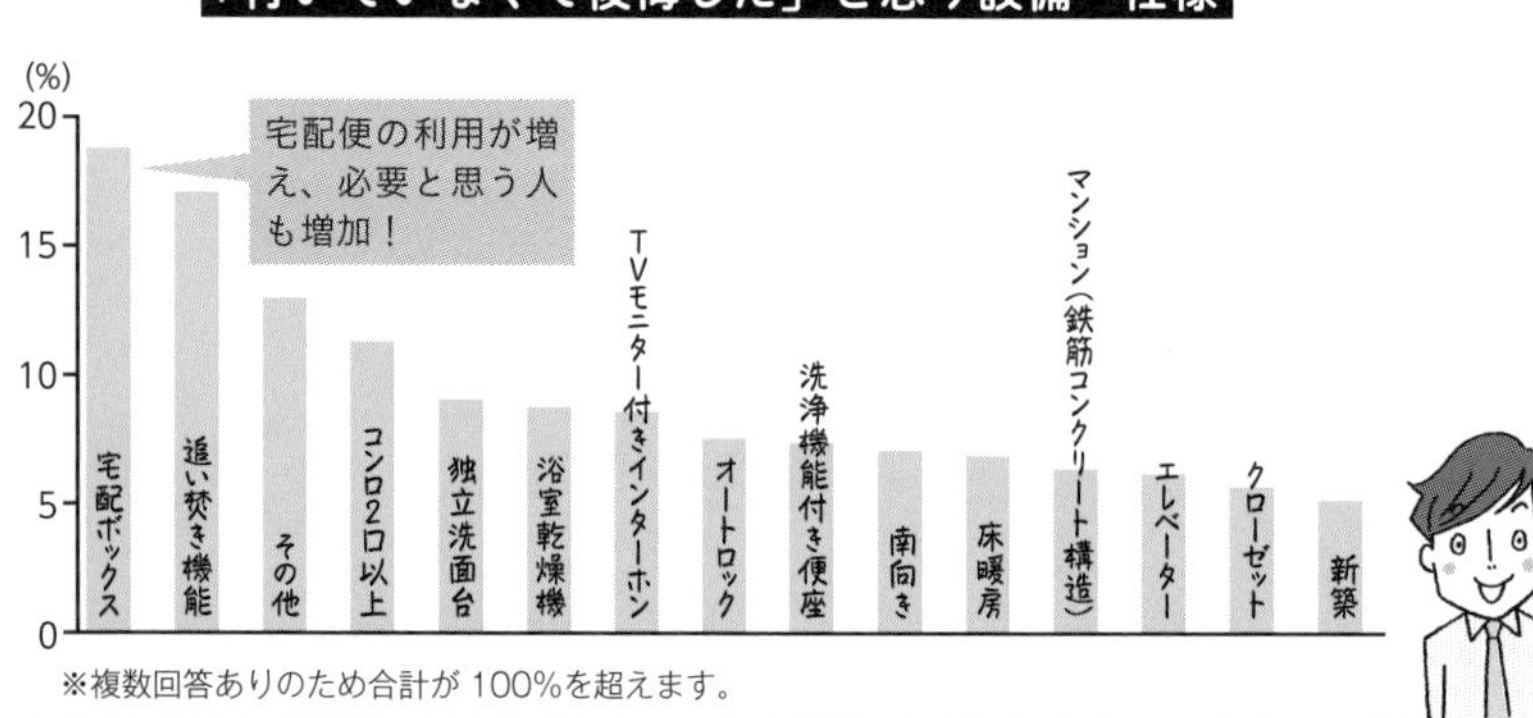

※複数回答ありのため合計が100%を超えます。

出典名：「20代社会人シングル男女の一人暮らしデータ2021」、「一人暮らしのシングルに聞いた　賃貸住宅設備ランキング2021」株式会社リクルート（SUUMO）

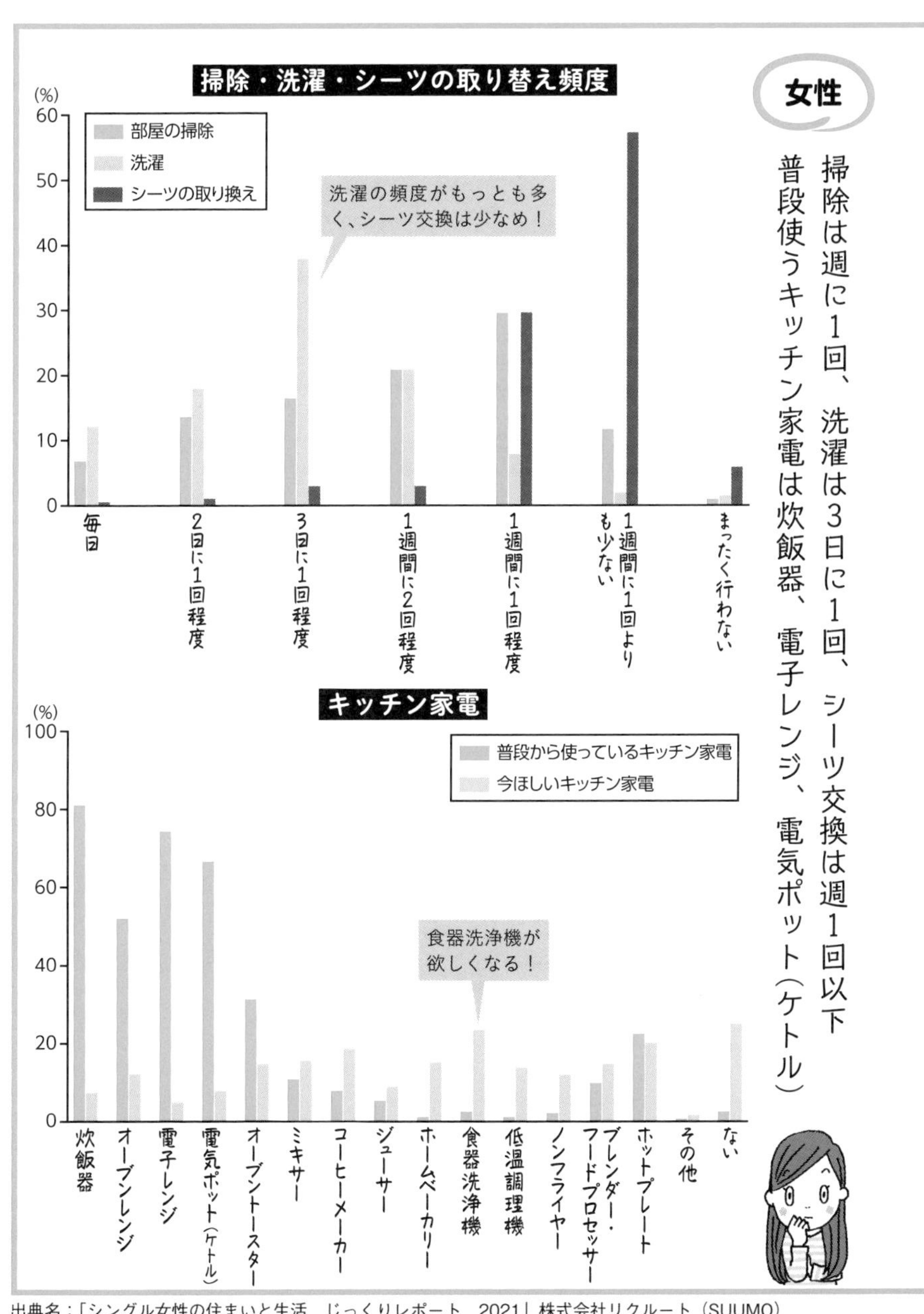

出典名：「シングル女性の住まいと生活　じっくりレポート　2021」株式会社リクルート（SUUMO）

もくじ

ひとり暮らし始めるあなたへ …… 2

Part1

部屋探しの基本

物件探しを始めるのはいつ？ …… 12
部屋選びで優先すべきこと …… 14
ひとり暮らしの初期費用一覧 …… 16
マンションとアパートの違い …… 18
自分に必要な間取りは？ …… 20
サイト選びとかしこい検索法 …… 22
間取り図の読みかた …… 24
サイトの「テーマ」を活用 …… 28
不動産サイトにある用語を知る …… 30
不動産屋に問い合わせる …… 32
不動産屋は大きく分けて2つ …… 34
不動産チラシの読みかた …… 36

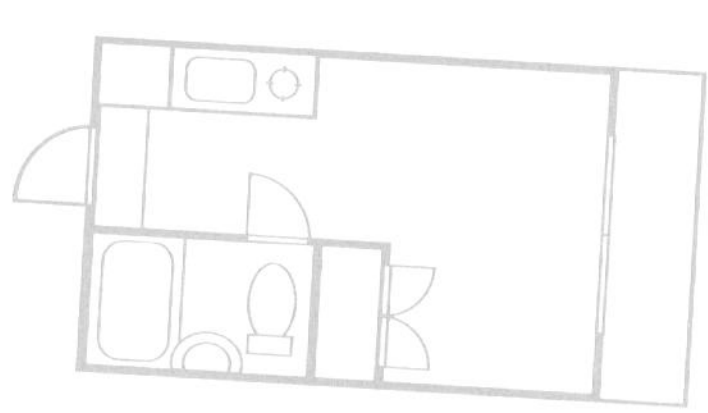

よい不動産屋と悪い不動産屋 …… 40
コミュニケーション術 …… 42
防災と防犯を意識する …… 44
内見に必要なもの …… 46
内見のポイント ①室外 …… 48
内見のポイント ②室内 …… 50
内見のポイント ③周辺環境 …… 52
よい物件が見つかったら …… 54
物件が見つからなかったら …… 56
迷って決められないときは？ …… 58
申し込み前にやること …… 60
契約時に提案される保険 …… 62
契約時に必要なお金とモノ …… 64
契約書のチェックポイント …… 66
こんなときどうする？　印鑑を押す前の確認 …… 70

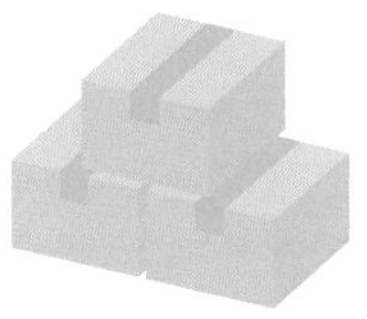

Part2

引越しの基本

引越しの流れ …… 72
引越し前にやるべき手続き …… 74
引越しで最初に決めること …… 76
引越し業者のタイプと選びかた …… 78
引越し業者と交渉するコツ …… 80
家から持っていくもの …… 82
買わなくてよい家具・家電は？ …… 84
部屋の状態をチェックする …… 86
引越し当日に持っておくもの …… 88
引越し当日にやるべきこと …… 90
引越しトラブルが発生したら？ …… 92
こんなときどうする？　あいさつって必要？ …… 94

Part3

ひとり暮らしスタート

引越し後の手続き …… 96
インテリアを考える …… 98
防犯と迷惑行為の対策 …… 100
万が一の災害に備える …… 102
タイムテーブルを把握する …… 104
1カ月の生活費を把握する …… 106
節約の基本ルールと買い物術 …… 108
消耗品のかしこい買いかたと節約 …… 110
こんなときどうする？　ゴミの捨てかた …… 112

Part4

家事の基本

食材はどこでどう買う？ …… 114
キッチン用品をそろえる …… 116
ひとり暮らしの調味料 …… 120
自炊の基本 …… 122

お金がないときの食材と料理 …… 126
ひとり暮らしの掃除道具 …… 128
効率のよい掃除の基本 …… 132
掃除する場所と頻度 …… 134
部屋のニオイ対策 …… 136
ひどい汚れや傷などの対策 …… 138
洗濯機の使いかた …… 140
干しかたと、たたみかた …… 142
アイロンの使いかた …… 144
ちょっとした裁縫のコツ …… 146
クローゼットの使いかた …… 148
ちょっとしたものを隠すワザ …… 150
あまり使わない衣類の保管法 …… 152

〈もしもの話〉

室内設備が壊れたら …… 154
病気・ケガをしたら …… 156
害虫が出たら …… 158

Part 1

部屋探しの基本

はじめに

入居までの予定を決める

物件探しを始めるのはいつ？

1カ月半～2カ月前に開始

ひとり暮らしが決まったら、入居までのスケジュールを考えましょう。一般的には、物件探し、内見（物件見学）、申し込み&入居審査、契約、引越しという流れになります。3月は新大学生や新社会人が大移動する時期で、不動産屋も引越し業者も繁忙期です。よい物件はすぐ埋まり、入居審査の日数は通常より長くかかり、引越し業者の予約が取れないという事態になりかねません。早めのスタートがおすすめです。

3月に入居可能な物件は、1月から出まわります。入居者は、退去予定の1～2カ月前までに管理会社に連絡するからです。1月から物件探しを始めると、よい物件に出会う可能性は高くなります。ただし、2月に契約すると、入居可能となる日から家賃が発生するので注意が必要です。

部屋探しのスケジュール

部屋探しスタート
スケジュールや条件などを決め、ネットで部屋探し

物件の内見
物件の内見予約で１～２日、内見に１～３日ほど予定を組む

3月後半にある物件は、繁忙期に売れなかった物件でもあるため、家賃交渉できる余地がある。

申し込み＆入居審査
審査は申し込みから３～７日程度。繁忙期は10日かかることも

契約
入居予定日の２週間前までには契約する

3月後半は引越しのピーク。予約が取りにくく、料金は割高になる。早めに予約手続きをすませたい。

引越し業者の予約
入居日を決めるのは管理会社や大家さんなので、希望からずれることもある

転出届＆荷造り

引越し＆入居

契約時に必要な書類や証明書関係の用意、引越し予約など、部屋探しと同時に準備をする。

学生の場合、合格してから物件を探す人が多いのですが、「合格前予約」で事前に物件を決められる不動産屋（大学生協のマンションも）もあります。契約しても入学する４月までは家賃が発生しないサービスで、不合格になればキャンセルでき、支払いは発生しません。

もちろん合格した場合は、契約した物件を必ず借りなければならないので、きちんと選ぶ必要はあります。

新生活スタートの直前まで時間がない人も、１カ月前となる３月上旬には物件探しを始めましょう。入居には審査が必要で、３～10日かかります。入居予定日の２週間前までに申し込み＆入居審査をし、１週間前までに契約、引越し予約ができれば間に合います。

はじめに

02

暮らしを具体的にイメージする

部屋選びで優先すべきこと

場所と部屋の条件を考える

部屋探しは、「どこ」に住むか、「どんな」部屋に住みたいかを考えるところから始めます。まずは、場所から。「おしゃれな町に住みたい」気持ちをぐっとこらえて、アクセス優先か、低家賃重視かを決めましょう。これにより住むエリアが変わります。アクセスは、「片道30～40分」くらいまでが、通学や通勤でも疲れませんが、都心になると家賃は高くなります。収入の3分の1を目安に家賃相場を調べましょう。

見落としがちなのが、「防犯」と「防災」です。必ず、警察が提示する犯罪マップや、国土交通省が運営する「ハザードマップポータルサイト」で確認します。

次に、「どんな部屋に住みたいか」を考えます。希望を書き出し、優先順位を決めましょう。内見などをして部屋選びに迷ったとき、「譲れないこと」と「妥協できること」

がわかっていると、決めやすくなります。
ポイントは、「どんな暮らしをするか」を具体的にイメージすること。週末も部屋にいないことが多いか、リモートなどで家にいる時間が長いかによって、暮らしかたが変わります。

考えておくべきなのは日当たり。一般的に南東向きの部屋がよいといわれますが、ほとんど家にいなければ向きは気になりません。

「バス・トイレが別タイプ」は、一体型のユニットバスより家賃が高めですが、ゆっくりお風呂に入りたい人にとっては、譲れない条件です。広い部屋か、部屋は狭くてもバス・トイレは独立タイプか、究極はどちらを優先するのかを考えておきましょう。

優先順位の決め方例

通学や通勤にかかる交通費も考慮。家賃を安く抑えても、定期代が高いと本末転倒になる。

順位	項目	条件（例）
1	家賃	家賃、管理費、光熱費を含めて7万円以下、高くても7万5000円まで（社会人は手取り額、学生はバイト＋仕送りの合計額の3分の１を目安に）。
2	日当たり	南向きか東向き。できれば、冬の朝も日が入る暖かい部屋がよい。西向きは×。
3	駅からの距離	徒歩10 ～ 15分が限度。これ以上かかると、真夏や真冬に歩くのが大変。
4	通勤通学時間	ドアtoドアで40分以内。〇〇駅～〇〇駅の間か、△△駅～△△駅の間がベスト。難しければ〇〇沿線上、片道1時間まで。
5	間取り	自炊するので１K。古くても広いほうがよく、１DKがベスト。
6	環境	近くにスーパーかコンビニがほしい。 音が気になるから、幹線道路や線路沿いは×。

はじめに 03

家賃の5～6カ月分が相場 ひとり暮らしの初期費用一覧

敷金礼金ゼロは退去時に注意

賃貸物件を契約するとき、不動産屋に支払うのが初期費用です。家賃、敷金、礼金、仲介手数料、火災保険料などを合わせると、およそ家賃の5～6カ月分となります。

最近は、「敷金礼金ゼロ」の物件が増加傾向ですが、そのぶん家賃が割高なこともあります。敷金とは、退去するときの原状回復費用などの前払金です。敷金ゼロなら、退去時に必要な、原状回復やハウスクリーニングなどの費用を確認します。

契約する前に、何にどのくらいの金額が必要となるのか、不動産屋に確認しましょう。24時間サポートサービスや保証会社は、加入が必須でなければ外してもいいかも。仲介手数料は、不動産屋によって半額や無料の場合もあります。キャンペーンや特典があったりするので、サイトで確認したり、担当者に聞いて大いに活用しましょう。

契約時に支払う初期費用

関西や九州の一部では、敷金でなく「保証金」とするケースも。相場は家賃の３～６カ月分ほど。

費用	相場	内容
敷金	家賃の １～３カ月	家賃滞納のリスク回避や、原状回復費用、ハウスクリーニング代などに使う。退去時にそれらを差し引いた額が返金される。関西では「保証金」として４カ月以上の場合も。
礼金	家賃の １～２カ月分	大家さんへのお礼金のようなもの。返金はされない。
仲介手数料	家賃の １カ月分	物件を扱った不動産会社に支払う手数料。不動産屋により、半額や無料もある。
前家賃	家賃１カ月分 ＋日割り分	入居日から家賃は１カ月前払いする。入居日が月の途中なら日割りで計算された家賃の日数分も払う。
火災保険料	１万5000円 ～２万円	大家さんが指定する保険に加入することが、入居条件になっているケースが多い。
保証会社	家賃の 20～100%	連帯保証人がいない場合に加入する。連帯保証人と保証会社の両方が必要な場合も。保証会社は指定されている。
鍵の交換費用	１万5000円 ～４万円前後	鍵の種類により料金は異なる。入居する人が新しい鍵の料金を負担するケースが多いが、そうでない場合もある。
管理費	毎月数千円	エレベーター管理やエントランスなどの共用部分の清掃、給水タンク代など。毎月の家賃と一緒に引き落とされる。
ネット使用料	ネット回線の 状態による	「完備」の場合、家賃に含まれるか、無料、もしくは毎月1000円前後かかる場合も。「インターネット対応」は、個人でネット回線の手続きが必要。
24時間 サポート料	１万5000円 ～２万円	水・電気・ガス・鍵などのトラブル対応してくれる。加入が必須の場合もある。

新社会人は、会社に初期費用の補助や家賃補助の制度がある場合も。物件を探す前に、会社の担当者に確認を。

はじめに
04

ライフスタイルを考えて選ぶ

マンションとアパートの違い

家賃や遮音性をチェック

物件のほとんどは、マンションかアパートです。違いや特徴を知っておくと、物件選びや物件を見学するときのポイントがわかります。一般的に不動産屋では、アパートは木造や木造モルタル造、軽量鉄骨造の建物、マンションは鉄筋コンクリート造（RC造）、鉄骨鉄筋コンクリート造（SRC造）などの建物としています。

じつは、マンションかアパートかを区別する明確な定義はありません。名称もさまざまで、古いマンションの「○○アパート」や、木造2階建の「○○マンション」があったりします。物件情報の項目にある、物件種目や建物の構造で確認します。

家賃は、同じ築年数ならマンションのほうが高め。3階以上の高層で耐震性や遮音性があり、セキュリティー対策をしている物件が多いのが特徴です。アパートは家賃が安めで、2階建ての低層がほとんど。マンションは気密性が高くて冷暖房の効率がよい反面、結露が出やすい欠点もあります。近年は木造建築の技術が高まり、遮音性やデザイン性が高く、耐震性もあって、設備が充実したアパートも増えています。

マンションであっても、隣室との間の壁が石膏ボードや木質パネル製の壁だったら遮音性は低くなります。音が気になる人は、建物内の部屋の位置や、壁と床材もチェックしましょう。わからなければ、不動産屋に聞くのが一番です。

自分のライフスタイルを考えて、耐震性や防犯性を重視したい人はマンション、木造住宅や低予算で住みたい人はアパートを考えるといいでしょう。

マンションとアパートの違いとメリット・デメリット

	マンション	アパート
構造	鉄筋コンクリート造(RC造)／鉄骨鉄筋コンクリート造(SRC造)／プレキャストコンクリート造(PC造)	木造、木造モルタル造、軽量鉄骨造
冷暖房	気密性が高く、効きやすい。	気密性が低いと、効きにくい物件も。
結露	しやすい。	しにくい。
遮音性	高い。床材や壁材によっては低い。	低い。遮音性が高い物件も。
家賃	アパートより高め。	マンションより安め。
管理人	いる場合がある。	ほぼいない。
防犯対策	防犯カメラ、オートロックなど防犯対策をしている物件が多い。	弱い。

はじめに
05

在宅時間の長さも考える
自分に必要な間取りは？

家賃優先なら1R、自炊派は1K

一般的にひとり暮らしに向いているといわれる間取りは、ワンルーム（1R）か1Kです。荷物が少なく、とにかく家賃を低く抑えたい人は、ワンルームがおすすめ。荷物が多い人はロフト付きという選択肢もアリです。自炊するなら1Kです。キッチンと居室の間にドアがあり、調理をしても寝具や衣類にニオイが残りません。玄関から居室が見えにくいという利点もあります。ただし、ワンルームより家賃は高めです。

ワンルームは調理のニオイのほか、玄関から居室全体が見える、玄関とひと続きのため冷暖房が効きにくいといったデメリットがありますが、カーテンやパーテーションで仕切ることで解決します。

なお、6帖のワンルームというのはキッチンを含んだ広さなので、実際の居室スペー

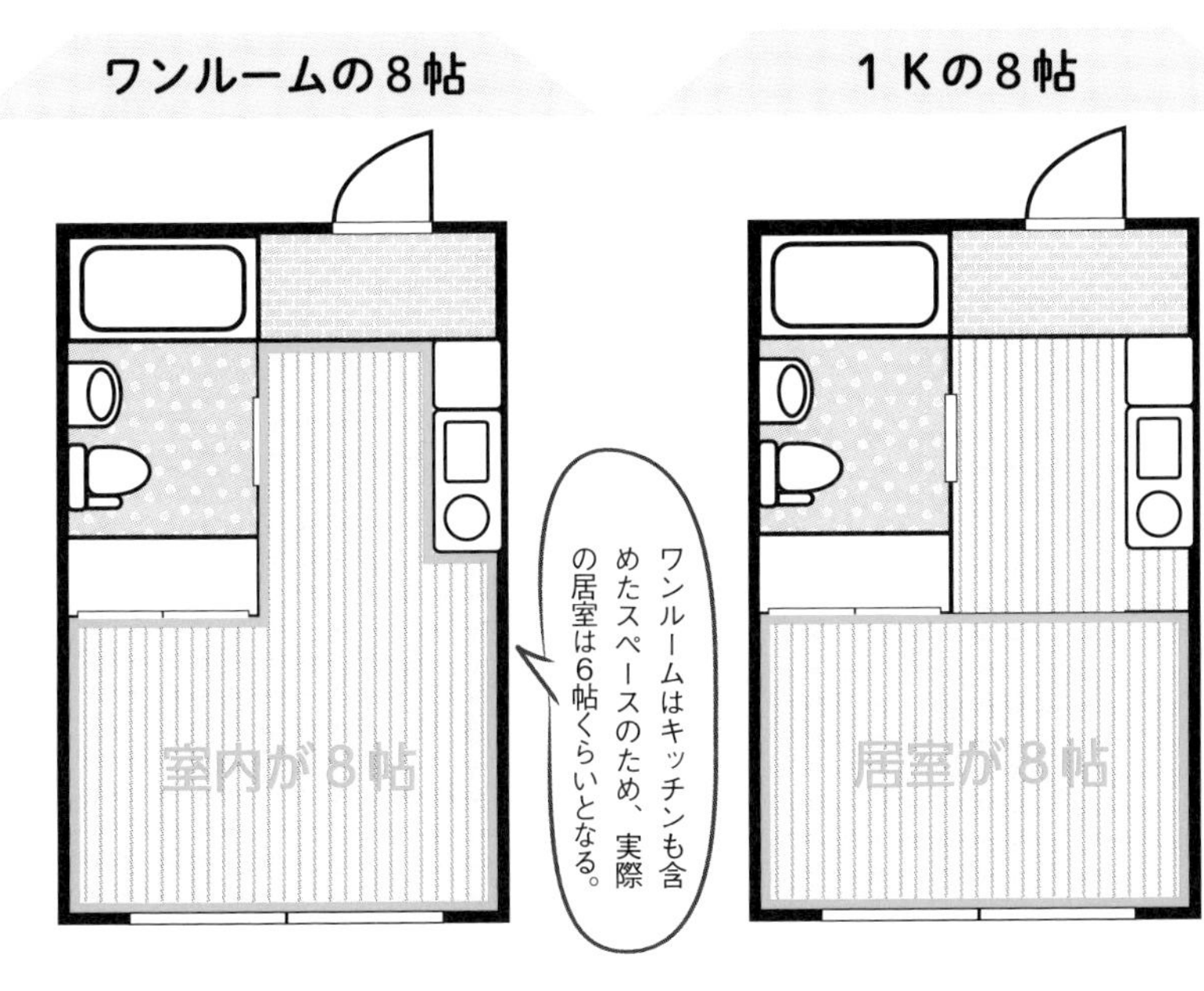

スは４～５帖程度と考えましょう。

オンライン授業やリモートワークの部屋と寝室を分けたい人は、１ＤＫがよいでしょう。１つの居室と、４・５～６帖程度のテーブルが置けるダイニングキッチンがあり、ダイニングをオンライン作業のスペースにしてもいいでしょう。壁が白くて無機質なら、オンライン画面の背景に適しています。

とにかく広い部屋を求めるなら、１ＬＤＫもありますが、家賃は高くなります。ルームシェアをするなら広めの２Ｋや２ＤＫを選ぶ手もあります。

いずれにしても、家賃と荷物の量、自炊するか、家にいる時間は長いかといった、自分のライフスタイルに合わせて選びましょう。

探す

01

ポータルサイトで情報収集

サイト選びとかしこい検索法

検索のしやすさをチェック

物件探しで便利なのは、「SUUMO」や「HOME'S」「at home」などの不動産ポータルサイト。いずれも、多数の不動産屋が自社で扱う物件を掲載しているため、物件数が圧倒的に多いのが特徴です。住みたい場所が決まっていれば、その地域の不動産屋のサイトで検索してもOK。いずれにしてもまずはネットで候補を探し、気に入った物件を不動産屋に問い合わせて内見するという流れで進めます。

ポータルサイトは、同じ物件に複数の不動産屋が問い合わせ先となっていることもあり、不動産屋ごとに異なる入居条件やキャンペーンがあって比較できます。情報量が多いだけに、どう絞り込んでいくかが重要です。

物件を絞り込む方法は、「沿線・駅から探す」、「通勤通学時間から探す」などのほかに、「相場から探す」、周辺環境で「〇m以内にスーパーがある」を指定できる場合も。検索項目はサイトによって異なるので、実際に検索して自分が使いやすいサイトを選びましょう。

該当件数がゼロの場合は高望みしている可能性があるので、譲ってもいい条件を外します。ここで検索された物件が、自分が求める物件です。一軒ずつチェックして20～30軒以内にし、そこからさらに絞り込みましょう。

口コミサイトも参考になります。実際の住人による口コミが豊富な「マンションノート」が便利です。不動産屋のサイトでも、物件やエリアの口コミが掲載されていることも。きびしい意見があるほうが、信頼できます。

部屋探しの落とし穴

路線や駅を変えて、満員電車を避ける

物件探しは、住む場所、利用する駅選びも重要です。「この駅が便利そう」と思っても、実際に通勤通学すると、満員電車だったということも。国土交通省「鉄道関係統計データ」の混雑率を見ると、全国の混雑する路線や区間、時間帯がわかります。混雑率が200％に近くなるほど、相当な圧迫感に。できるだけその区間は避けましょう。不動産屋に「満員電車を使わず30分で通勤したい」と聞いても。バスでの通学通勤を考えると選択するエリアが広がり、家賃を抑えられます。

探す

02

どんな部屋かイメージできる

間取り図の読みかた

部屋の広さ、つくりを確認

物件探しで部屋の状態を把握するのに必要なのが間取り図です。部屋全体の形やキッチン、窓、バス・トイレ・洗面の位置、部屋の広さなどがわかります。間取り図と、サイトに添付されている画像も参考にして、希望する物件を見つけましょう。

間取り図は、物件を真上から見た図で、コンパクトに部屋の状態がわかるようにしたもの。記号によって、扉の形状や開く向き、洗濯機置き場の位置、コンロの口数までわかります。なお、脱衣スペースの有無はよく見ておきましょう。

ユニットバス（ＵＢ）は、バス・トイレ・洗面の３点セットが一般的ですが、バスだけでＵＢと表示される場合もあります。またワンルームより狭い１Ｋや１ＤＫもあるので、居室スペースの広さは必ず確認しましょう。

間取り図の記号と意味

記号	意味と注意点
K	キッチン。4.5帖以下が多い。１～２帖のケースも。
DK	ダイニングキッチン。６帖までのDKが多い。
LDK	リビングダイニングキッチン。８帖以上が多い。
UB	ユニットバス。バス・トイレ・洗面の３点が多いが、独立した浴室でもUBと表示される。バス・洗面の２点のUBもある。
SB	シューズボックス。造り付けがある場合と、□で設置するスペースを示している場合もある。
CL	クローゼット。「収」と書かれることも。
WIC	ウォークインクローゼット。「WCL」と書かれることも。
■	柱の位置。RC造やSRC造のマンションは、室内に柱が出っ張っていることがある。間取り図では書かれていないことも。
洗	洗濯機置き場。「W」と書かれる場合もある。
冷	冷蔵庫置き場。「R」と書かれる場合もある。
○	キッチンにある○はコンロの数。１口なら１つ、２口なら２つの○がある。
玄	玄関。
押	押入れ。天袋があるところも。
洋	洋室。床はフローリングやクッションフロアなどさまざま。
和	和室。畳が敷かれた部屋。
PS	パイプスペース。排水管や電気ケーブルなどが入っている。
MB	メーターボックス。電気・ガス・水道のメーターが入っている。

ワンルームの間取り例

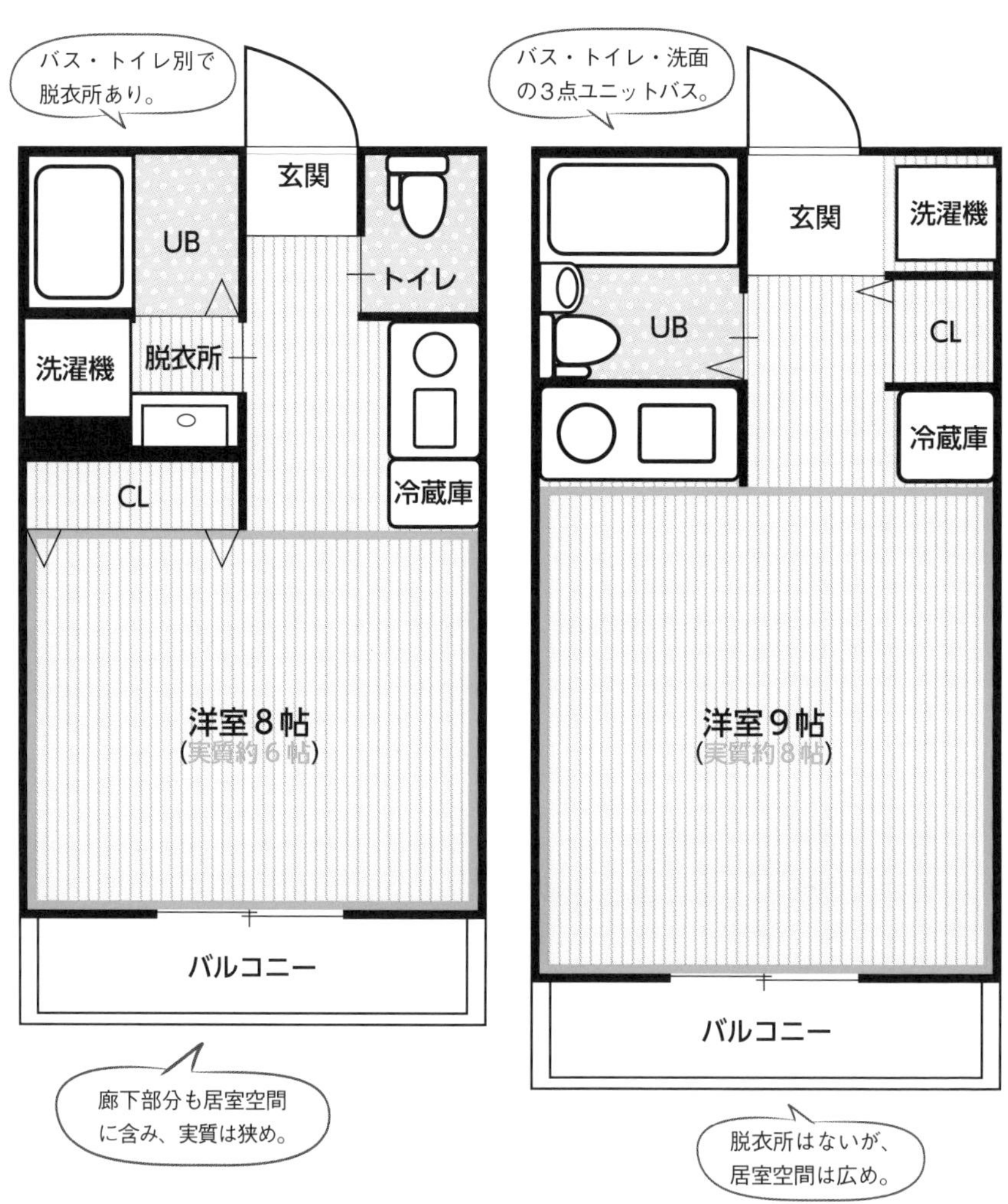
バス・トイレ別で
脱衣所あり。
玄関
UB
トイレ
洗濯機
脱衣所
冷蔵庫
CL
洋室8帖
(実質約6帖)
バルコニー
廊下部分も居室空間
に含み、実質は狭め。
バス・トイレ・洗面
の3点ユニットバス。
玄関
洗濯機
UB
CL
冷蔵庫
洋室9帖
(実質約8帖)
バルコニー
脱衣所はないが、
居室空間は広め。

1Kの間取り例

UB
トイレ
CL
洋室 7.5 帖
バルコニー
靴箱
キッチンは狭め。窓がないケースが多い。
K
居室とキッチンが扉で仕切られている。
玄関
洗濯機
冷蔵庫

1DKの間取り例

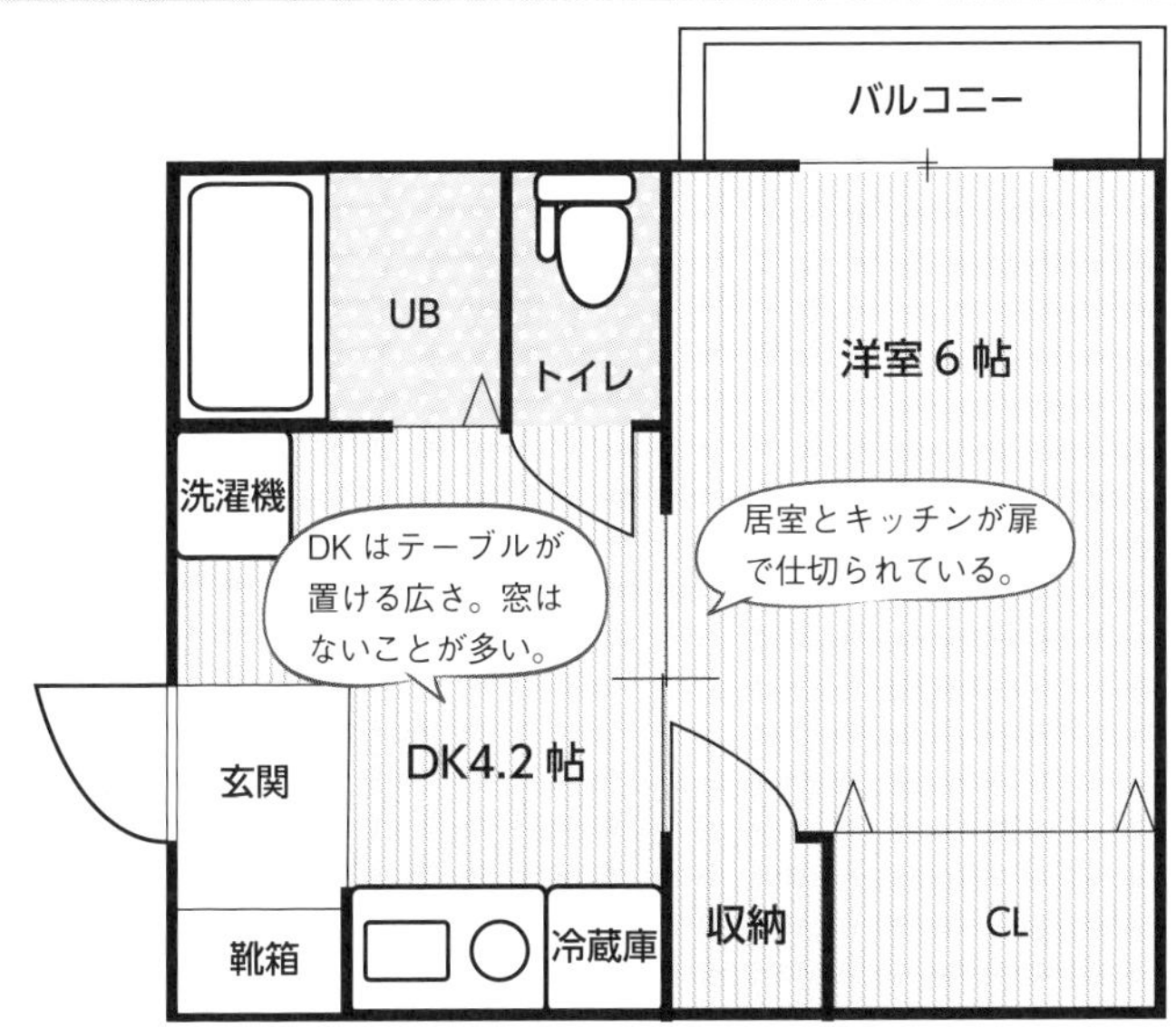

探す
03

かんたんに検索&情報入手
サイトの「テーマ」を活用

一般的な情報がわかる

不動産のポータルサイトや各不動産屋のサイトには、「女性のひとり暮らし」や「学生向け」、「新社会人向け」といったテーマ別の特集ページがあります。ここは、希望の物件を絞り込まなくても見つけやすくなっています。

学生なら、大学名とキャンパスを選択し、希望の通学時間や最寄り駅を選ぶと、ワンルームや1Kなどの物件がズラリと出てきます。女性のひとり暮らしなら、オートロックや女性限定などセキュリティー重視の物件が見つけやすくなります。

注意したいのは、希望条件がぶれること。宅配ボックスや独立洗面台などが設定されていたりしますが、それは本当に必要でしょうか。優先順位を間違えると、後悔することになります。なお、家賃の上限は必ず設定しましょう。

一般の賃貸だけでなく、学生だけが住める学生マンションや、食事付きの学生会館を検索できる専門サイトもあります。家具や家電付き、敷金礼金なし、インターネット無料といった条件でも検索できます。

学生向けには、退去時に原状回復費を支払わなくてよい特典や、引越しの割引サービスをしている不動産もあるので、家賃が相場より割高でないかをチェックしつつ、探してみましょう。

地域に特化した物件を探すなら、「○○市 不動産屋」で検索を。ポータルサイトの「不動産屋一覧」「不動産会社を探す」からも、地域の不動産屋を検索できます。創業何十年という、その地域にくわしい不動産屋が見つかるかもしれません。

部屋探しの落とし穴

女性専用マンションのメリット・デメリット

女性専用マンションは、オートロック、二重施錠、防犯カメラ、防犯窓などセキュリティーが高いのが特徴。また、バス・トイレ別、独立洗面台など女性に嬉しい間取りや、外観・内装にこだわった物件が中心で、家賃は高めです。男性は立ち入り禁止なので、父親や彼氏は部屋に呼べません。大家さんによっては事前に許可を得たり、家族ならOKのところもあり、確認が必要です。なお、女性だけが住むマンションだからこそ、逆に不審者に狙われやすいという側面もあります。

探す

04

フル活用するポイント

不動産サイトにある用語を知る

オンライン対応が増加中

近年は、オンライン内見や、IT重説（左ページ参照）を実施する不動産屋が増えています。オンライン内見は、不動産の担当者が現地の物件におり、映像と音声で物件を見せてもらうサービスです。担当者に、水回りのチェックや収納のサイズなども確認してもらえます。ただ、ニオイや周辺環境などは、現地でないと確認できないもの。これらの感覚は個人差がありますが、できるだけ担当者に確認してもらいます。

サイトは、物件の写真やパノラマ動画があるのが特徴です。フリーレントといったサービスがあったり、設備も細かく記載されているので確認を。なかには、まだ入居者がいる状態で募集をかけるところも。気に入った物件なら申し込みを先にしてあとから内見する「先行申し込み」という方法もあるので、不動産屋に確認しましょう。

サイトでよく見る用語

オンライン内見やIT重説では、通信環境を整えることが大切。不安定だと途中で画像が途切れることも。

用語	内容
オンライン内見	オンラインを使って、不動産の担当者が物件を見せてくれるサービス。
IT重説	賃貸借契約をする前に必ず行う重要事項説明を、テレビ会議などのITを活用して行う。事前に重要事項説明書と賃貸借契約書などを送ってもらって説明を受け、契約書を返送するので、不動産屋に行かずに契約できる。
フリーレント	一定期間の家賃が無料になるサービス。期間は3カ月分や1カ月分、日割り計算分だけの場合とさまざま。空室を早く埋めたいときに使われることが多い。
インターネット完備	各部屋まで回線がつながり、入居後すぐに使える。インターネット使用料無料のケースは、家賃や管理費に含まれている場合がある。個人で回線を契約するより出費は抑えられるが、回線速度は遅くなりがち。セキュリティーも要チェック。
インターネット対応	物件の共用部分まで、インターネットの配線工事が完了している状態。回線を利用するなら、入居者がプロバイダと契約する。光ファイバーとADSLがある。
光ファイバー対応	その物件の共用部分まで光ファイバーの回線の工事が完了している。プロバイダは自分で契約する。
インターネットの情報がない	インターネット回線を引く場合は、大家さんの許可が必要になることも。自分のネット使用状況によるが、モバイルWi-Fiなどを利用することを考えても。
ディンプルキー	ピッキング防止に長けた、防犯性の高い鍵。鍵に小さなくぼみがあるのが特徴。
宅配ボックス	不在時に、宅配業者が荷物を入れていくボックス。入居者は再配達を依頼することなく、荷物を取り出せる。
メゾネット	室内に2階部分がある造りのこと。単身者用の物件では、1階は玄関のみ、階段を上がると居室という造りがある。
先行申し込み	入居者がまだ住んでいる、建物が完成していない、内見ができない物件で利用される。通常は内見をして申し込むが、先に申し込みと入居審査をして、あとで内見し、問題なければ契約するスタイル。

先行申し込みができるのは1軒のみ。乱用すると入居審査が通らない場合も。気に入らなければキャンセルOK。人気の物件は、内見なしで契約する「先行契約」ができる場合があるが、契約後はキャンセルできない。

探す

05

物件見学への第一歩

不動産屋に問い合わせる

繁忙期は電話がベスト。LINEもOK

ネットでいい物件を見つけたら、ページを下へスクロールしましょう。取り扱っている不動産屋の連絡先がわかります。電話かメール、LINEを使って、来店予約や空室問い合わせなどができます。不動産屋は、2〜3社ほど問い合わせましょう。希望を理解してくれそうな印象か、相談しやすい雰囲気があるかなどを比較するためです。たいていは、その物件近くの店舗が掲載されていますが、希望の物件から遠いこともあるので、店舗の場所は必ず確認しましょう。

繁忙期は電話のほうがおすすめです。聞きたいことだけ直接確認でき、自分との相性や信頼できるかも、判断しやすくなるでしょう。問い合わせ時は、希望する物件の番号や建物名、住所を伝え、話を先へ先へと進めましょう。

問い合わせメールの例文

1～3月は物件の回転が早い。
焦る必要はないが、最新の物件情報を得るように心がける。

件名：物件の空室確認について
△△不動産　ご担当者様

このたび、初めて連絡します、○○○○（フルネーム）と申します。
3月に引越しをする予定で物件を探しております。
御社のサイトに掲載されていた、以下の物件の空室状況を教えてください。
・○○ハイツ
・○○コーポ
・○○マンション
また、家賃が○万円程度で、上記物件と同等の広さ、○○駅から徒歩5分以内の物件を探しております。似た物件がありましたら、ご紹介いただけると助かります。よろしくお願いします。

○○○○（フルネーム）
携帯電話番号（平日は18時以降。土日はいつでも大丈夫です）

膨大な情報を持つ不動産屋に対しては、希望条件の優先順位とNGを先に伝えて、スムーズに紹介してもらいましょう。もちろん、LINEやメールでもOK。備考欄などで、今後の連絡方法をしっかり指定し、希望条件や質問などを箇条書きにしておくのがポイントです。

こちらが不動産屋を見極める機会は、同時に不動産屋がお客であるあなたを見る機会でもあります。よい物件を紹介してもらうためには、言葉遣いをていねいに、かつ短い文章で要点を伝えましょう。「お願いします」「ありがとうございました」の一言を忘れずに。

迷ったり相談したい場合には、「迷っています」などはっきりと伝えて、聞き手に回ってもらうのがコツです。

不動産屋

01

特徴を押さえて活用したい

不動産屋は大きく分けて2つ

大手か、地域密着型か

不動産屋は、大きく分けて2つのタイプがあります。ひとつは大手不動産屋です。情報量が多く、広範囲で探してくれるので、「たくさんの物件がみたい」、「住みたい場所を決めてない」という人にも、広く対応してくれます。なかには、大手建設会社の子会社の不動産屋もあり、自社が管理する物件があるため、その物件の情報にくわしく、多くの情報を得られます。ほかに、デザイナーズマンションや高級マンションなどの専門店舗をもつ不動産屋もあります。

もうひとつは、地域密着型の小規模の不動産屋です。住みたいエリアが決まっている人におすすめ。大手に比べると情報量は少ないのですが、大家さんとのつきあいが長く、地域の情報に強いため、不動産専用のデータベースに掲載していない、掘り出し物

が出てくることがあります。

多くの不動産屋は自社サイトをもち、物件検索ができます。仲介手数料割引や入居後のサポートなど、それぞれ独自のサービスを展開しています。また、学生や女性向けのサービスや物件に力を入れている不動産屋も。そうしたサービス面や、自分の希望に応えてくれそうな不動産屋を選びましょう。

大手不動産屋は、フランチャイズを展開しているところが多く、店舗によって雰囲気や対応が違うこともあります。気に入った物件があるのに、担当者に違和感がある場合は、担当者を変えてもらえないか、相談してもいいでしょう。同じ会社の別店舗に行くと、いい担当者と出会ったりします。

不動産屋

02

物件情報から現状をチェック

不動産チラシの読みかた

キャッチコピーに惑わされない

不動産屋に行くと、希望条件にあった物件チラシをもらえます。チラシには、間取り図だけでなく、家賃や敷金礼金などの費用、入居時期、築年数、設備、周辺の地図、最寄り駅までのルートなど、物件を選ぶのに必要な情報が記載されています。読み解くポイントを押さえて、自分に合う物件を見つけましょう。

「○○駅まで徒歩5分」とあるのは、80m＝1分で単純計算したもの。5分なら駅まで400mの物件ですが、信号などは考慮されていないので、実際には5分以上かかると考えましょう。注意すべきは、宣伝のためのキャッチコピーです。「日当たり良好」が西日だったり、大通りに面して騒音が気になる物件も。「角部屋」でも、すぐ隣がビルなら日当たりが悪かったりします。「眺望抜群」といっても、見てみないとわかりません。キャッチコピーは気にしないことです。

不動産の広告は、NGワードが多々あります。日本一、業界一、特選、破格、最高級などは、誇大広告をさせないよう法律で禁止されたワード。使っていたら信用できないと判断してかまいません。

気に入った物件があれば、チラシをコピーしてもらい、契約完了まで保管します。ほかの物件と比較したり、内見時にメモしたりしておくと、契約時に「話が違う」となりづらく、トラブル回避に役立ちます。

物件チラシは不動産屋によって表記のしかたが違いますが、基本は同じ。記載されていない項目もあるので、不明点は担当者に聞きましょう。

部屋探しの落とし穴

専有面積で広さを確認。目安は15～25㎡前後

物件情報には「専有面積」という項目があります。これは、居室やバス・トイレ・玄関・収納など、その住人のみが利用する専用部分の面積のこと。部屋の広さは、「畳」で表記されることもあり、江戸間や京間などで大きさが違います。専有面積は「㎡」で記すので、客観的に広さを判断できます。ただし、ロフトは計算されず、表示された専有面積以上の広さになります。ベランダも含まれません。ワンルームや1Kなら15～20㎡、1Kや1DKは25㎡前後を目安にしましょう。

一般的なチラシ例

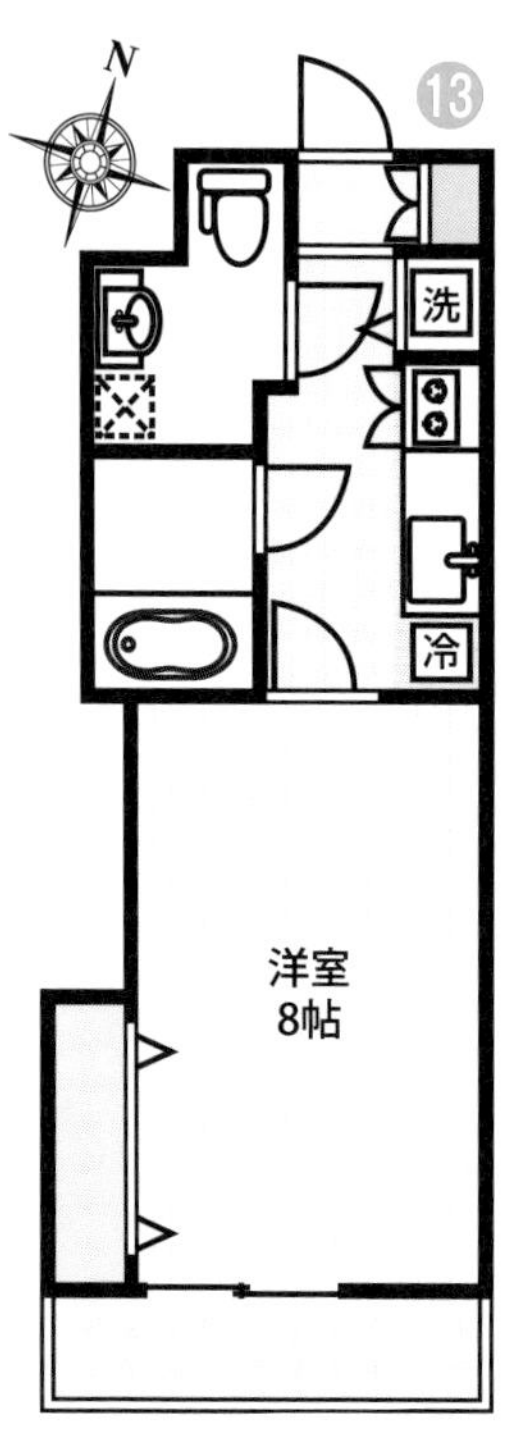

物件種目	賃貸マンション		
物件名	〇〇マンションA棟 ①		
アクセス	〇〇線〇〇駅 ②		
部屋	503号室(1K)		
賃貸条件	賃料63,000円(税込) ③		
	敷金／2ヶ月　礼金／1ヶ月		

所在地	〇〇県〇〇市〇〇2丁目12−34 地下鉄〇〇線「〇〇」駅　徒歩10分 ④		
構造・専有面積	鉄筋コンクリート造　5階建　5階部分 28.25㎡ ⑤		
築年月	令和〇年4月 ⑥	契約期間	2年 ⑦
管理費等	5,000円(税込) ⑧		
現況	空室 ⑨	入居日	即日入居可 ⑩
設備	オートロック／TVモニター付インターホン 宅配ボックス／エレベーター 光インターネット対応／エアコン ガスキッチン(2口)／浴室乾燥 ⑪ 室内洗濯機置き場		
備考	更新料1ヶ月／鍵交換代(¥20,000円) ペット不可 ※図面と現況が異なる場合は現況優先。⑫		

tel 〇〇−〇〇〇〇−〇〇〇〇 fax 〇〇−〇〇〇〇−〇〇〇〇 営業時間9:00〜18:00(水曜定休)	仲介 ⑯	担当 〇〇〇〇

①物件名
建物名と部屋番号も記載され、何階の部屋かわかる。ここに、ワンルームや1Kなど、間取りが明記されていることも。

②アクセス
最寄り駅名。

③賃料
月々の家賃。管理費などは除かれていることが多い。

④所在地
物件の住所と、駅からの所要時間。徒歩〇分は、80m＝1分の単純計算で示されているので、実際には表記された時間と異なることも。

⑤構造・専有面積
建物の構造、何階建ての何階部分か。居室・キッチン、バス、トイレ、洗面、収納も含めた部屋の広さ。一般的に居室の帖数は、1帖＝約1.62㎡で換算。

⑥築年月
建物が完成した年月。築年数が古くてもリフォームされている場合がある。リフォームの有無は明記されていないことも。

⑨現況
現在空室か、入居中か。

⑧管理費等
管理費のほか、水道光熱費、家具家電使用料、インターネット使用料などが必要な場合も。

⑦契約期間
多くは２年契約で、住み続ける場合は更新料が必要に。「更新料」の費用も書かれている。

⑫備考
退去の予告や退去費用、鍵交換代などが明記される。契約時に必要な保険料、保証会社に契約が必要といった条件が書かれることも。

⑬間取り図
部屋の間取りと方角が示されている。隣室の間取りがわかるようになっていることも。

⑭地図
最寄り駅から物件までの地図。地図がない場合も。

⑮不動産屋の情報
物件を扱っている不動産屋の住所、連絡先、免許番号も記載されている。

⑯取引態様
これは、広告において宅建業者がその物件にどのように関わっているかを示すもの。その物件を管理している「貸主」、貸主と借主の間に立って取引成立を行う「仲介（媒介）」、売主・貸主の代理人という立場の「代理」がある。

〇〇線
〇〇駅
賃貸マンション
63,000円

〇〇マンションA棟
設備充実の築浅マンション
■注目!
・築3年、最上階角部屋、住宅街
・オートロック、宅配ボックス有
・2口ガスキッチン、浴室乾燥
・コンビニまで徒歩1分

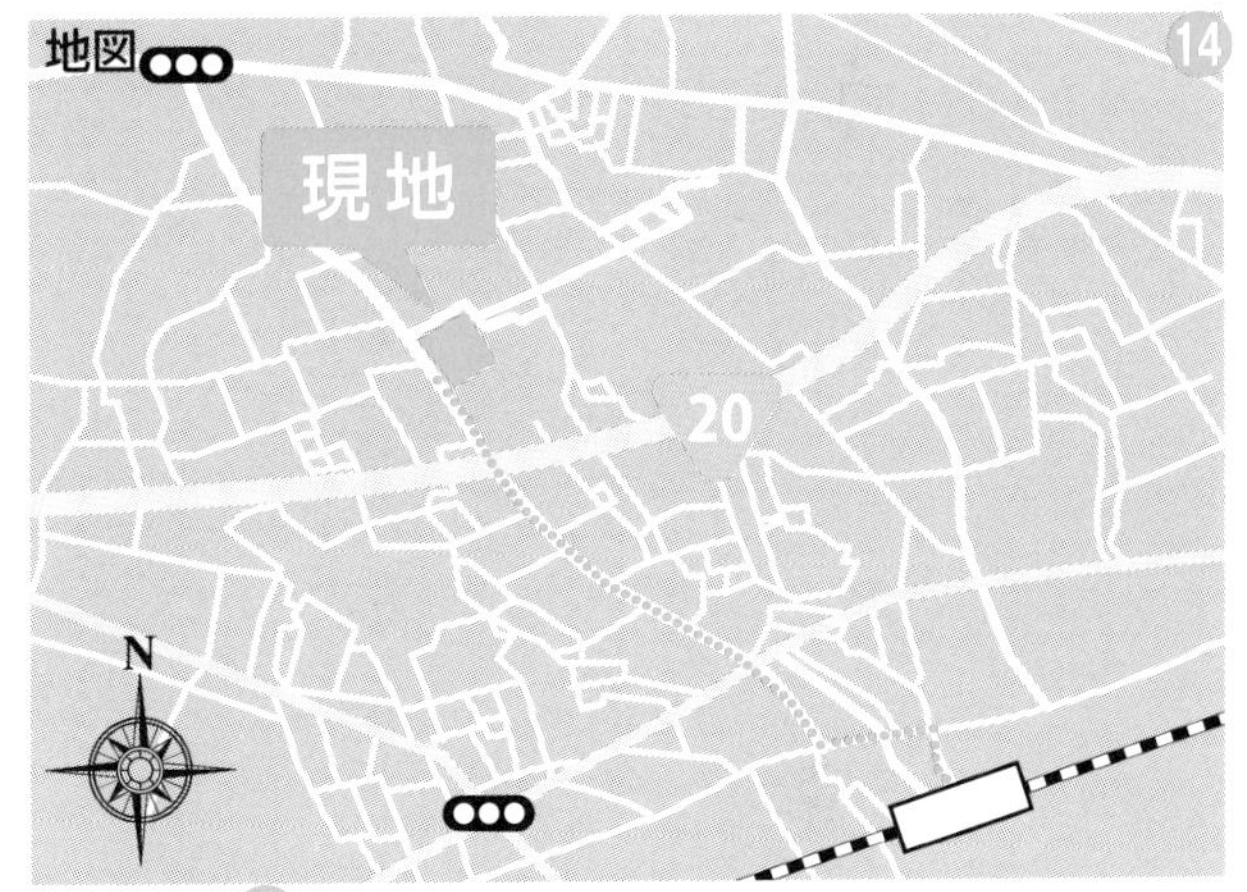

15

〇〇ホーム不動産（株）〇〇店
〒〇〇〇ー〇〇〇〇　〇〇県〇〇市〇〇1丁目23ー45
〇〇県知事免許（2）第〇〇〇〇〇号　https://www.〇〇〇〇

⑪設備
室内や建物に設置された、電気・ガス、水回りなどやネット環境。記載内容は不動産屋によるので、気になることは確認を。

⑩入居日
入居できる日。空室でクリーニング済みなら即日入居可。入居中なら、クリーニング後のもっとも早く入居できる日が書かれている。

不動産屋

03

対応で見極める

よい不動産屋と悪い不動産屋

急かす営業は信用しない

「よい担当者との出会いは、物件探しより重要」という人もいるほど、不動産屋選び、よい担当者との出会いは大切です。問い合わせや内見時に、対応がていねいか、こちらの話をよく聞いてくれるか、物件のデメリットも教えてくれるかは大切なポイント。

「今、この物件を検討している人がいる」「早めに申し込んだほうがいい」などと急かされる、特定の物件ばかりすすめる、内見時の現地集合を嫌がる、問い合わせた物件の情報を教えずに来店を急かすところは避けたほうがよいでしょう。

また、お店の外や店内がキレイで清潔、トイレの清掃が行き届いていれば、迎えるお客様のことを考えている会社である可能性が高いと言えます。整理整頓されていないお店は、個人情報などの管理がずさんな可能性もあります。

同じ不動産屋でも、担当者にあたりハズレがあるもの。よい営業マンは、優先順位をふまえ、入居後の生活を考えて予算内に収まるよう提案してくれます。

いっぽうで、利益のために魅力的な物件を見せて、予算よりも高い物件をすすめる担当者もいます。

また、なんの情報ももたずに店舗に行ったり、問い合わせるのはＮＧ。不動産屋の言いなりで話が進んだり、不動産屋が得する物件をすすめられる可能性があるからです。

ネットの口コミもチェックして評判がよすぎる、悪すぎるのは要注意。悪い意見のなかに、よい意見が複数あれば、アタリの可能性があります。

部屋探しの落とし穴

宅地建物取引業者免許の更新回数をチェック

不動産屋のサイトや店頭には必ず「○○県知事（●）第△△△△号」や「国土交通大臣（●）第△△△△号」という免許番号があります。

県知事とあるのは、その県内で営業していること、国土交通省は複数の都道府県に店舗があるということ。注目するのは（●）の数字。5年ごとに1回更新し、数字が増えます。（1）なら営業5年未満、（2）なら10年以上という具合です。2回以上更新している不動産屋を選びます。できれば、設立年数も確認しましょう。

不動産屋

04

不動産屋とどう会話する？

コミュニケーション術

YES、NOは明確に伝える

くり返しになりますが、よい物件を紹介してもらうなら、希望条件を具体的に、わかりやすく伝えること。優先順位とNGは必須です。「自炊するので1K、○○駅から徒歩10分以内の物件。家賃は○万円まで。1階はNG」と理由や予算を伝えましょう。ただし、新しい土地に住むときに見落としがちな「周辺環境や駅までの道」はわからないことが多いので、見てから決めるつもりという一言もそえておきます。

紹介された物件が気に入らないときは、YES、NOをはっきり伝えます。迷ったら、迷っている理由を具体的に伝えて相談しましょう。ただし、すべての理想がかなう物件はない、ということを忘れずに。優先順位をふまえて、冷静に判断する必要があります。

客だからと、横柄な態度をとるのはNG。入居審査では、人柄や印象などもチェックされる
ラフすぎない普段着、自然体でOK
迷ったらジャケットかカーディガンをはおる

また、「連帯保証人を立てられない」「入居希望日」「勤務時間が不規則」「帰宅が遅い」などの事情は、できるかぎり伝えておきましょう。条件が変わると、探し直しになりかねません。

知らない土地なら、ネットで見た知識だけで話を進めないで。ほしいのは、ネットではわからない情報です。周辺環境やどんな土地柄か、どんな人が住む町か、どんどん質問しましょう。

服装は普段着でOKです。相手はあなたを「入居させて問題ない人か」チェックしているので、受け答えは正直に。必要ならメモをとりましょう。

恋人と行くと、同棲するつもりがなくても誤解されかねません。同行してもらうなら、親族がベストです。

不動産屋 05

物件を見るだけではわからない 防災と防犯を意識する

防犯マップは事前に確認を

近年、増加傾向にある自然災害。そのため、土砂災害や津波のリスクだけでなく、2020年8月からは水害リスクも重要事項説明に加えることが法律で定められました。重要事項説明とは、不動産屋（宅地建物取引士）が入居者に対して、契約する前に賃貸物件に関する重要事項を説明することで、義務として課されています。

ただ、重要事項説明が行われるのは、契約直前の最終段階。そのとき初めて災害リスクが高いことを知るのでは、遅すぎます。前もって、国土交通省のサイトにある全国ハザードマップで確認するか、担当者に災害リスクを確認しましょう。

治安については、事前説明の義務はありません。はっきりと「治安の良いエリアに住みたい」と不動産の担当者に伝えれば、落ち着いたエリアを紹介してくれます。

各県の警察は、サイトでエリア別の犯罪件数を公開しています。事件などの情報が地図上に表示される、「防犯マップ」アプリを利用してもいいでしょう。

内見時に、夜の様子をチェックしたり、駅からの経路にコンビニなど、逃げ込める店があるかも確認して。近隣のスーパーやコンビニなどで、「そこのマンションの入居を考えていますが、このあたりの治安はいかがですか」と聞くのもアリ。近隣住民の声が一番です。時間に余裕があれば、警察署や市役所の市民生活安全課に治安を聞くと教えてくれます。

事故物件か否かも気になるところ。全国の事故物件を無料で公開している「大島てる」というサイトを利用し、該当するなら不動産屋に確認しましょう。

部屋探しの落とし穴

事故物件の告知義務はあいまい？

事件や事故、自殺などが起こった事故物件に住むには、心理的な抵抗がある人が多いもの。そうした事柄は、不動産屋が入居希望者に知らせる義務があります。ただ、事件事故後に住む一人目には告知するが、次からは告知しない、事故から2～3年経った、建て替えたら告知しないというケースも多いのが実状です。契約前に必ず確認すること。契約後に知り、説明がなかったら取り消しができますが、説明があったら取り消しできません。説明時は録音して記録を残しましょう。

物件見学

01

失敗しない物件チェック

内見に必要なもの

スマホとメジャーとメモを用意

物件を見学することを、内見といいます。関西では「内覧」ということも。不動産屋も立会いの準備が必要なので、必ず内見の予約をしましょう。

スマホは、必須アイテム。内見する物件はほとんど撮影ＯＫなので、写真を撮り、ひと通り動画を回しておくと、あとで見直すことができます。スマホのコンパスと水平器も活用できます。コンパス（方位磁石）は、日当たりや窓のある方角を確認し、水平器（レベラー）は、部屋の傾きを確認します。iPhone にはこれらのアプリがありますが、ない場合は方位磁石やペンなどで代用しましょう。

メジャーも必須です。家具の配置や家電の大きさを考えるために計測します。洋裁で使うメジャーではなく、３m以上ある金属製のメジャーがおすすめ。それらの情報をメ

ポータルサイト「at home」調べでは、平均して1軒あたりの内見滞在時間は20分、ひとり5～6軒の内見をしている。
メジャーは金属製で、ひとりで測れるものを。

モする筆記具も用意します。できればA4サイズのバインダーに、間取り図のチラシを挟んで記入しましょう。また、ポータルサイトのアプリも便利です。内見した物件のメモや写真を保存でき、複数の物件を比較しやすくなります。

内見中は立ったり座ったりするので、動きやすい服装で。何度も靴の脱ぎ履きをするので、ブーツはＮＧです。清潔感のある服装で好印象を与えましょう。

たいていは不動産屋の担当者のクルマで、１日に数軒の物件を見てまわります。現地で大家さんや管理人の立ち会いで内見することも。最初の１軒は現地集合、もしくは最後の１軒を現地解散にして、物件から最寄り駅まで歩くと、実際にかかる時間を確認できます。

物件見学
02

部屋がよくても後悔する 内見のポイント①室外

住人モラルと治安チェック

内見時は、建物の共用部分をチェックします。その物件にどんな住人が多いかが見えてきます。ゴミ捨て場や、駐輪場の自転車の置き方は必ず確認を。建物の外壁に落書きやひび割れがないか、周辺にタバコのポイ捨てやゴミはないか、エントランスや廊下の共用部分の汚れや、注意喚起の張り紙がないかも確認しましょう。

防犯の視点でのチェックも大切。空き巣被害はベランダからの侵入が多く、塀や配管をのぼって侵入されます。外からベランダの位置や部屋の見え方を確認し、ベランダにのぼりやすくないか、物件は人目が少ない位置ではないかを確認します。

また、郵便物は個人情報の宝庫。郵便受けから中身を簡単に取り出せないかもチェックしましょう。防犯カメラがあると、より安心です。

室外のチェックリスト

	場所	ポイント
□	物件全体	時間帯や天候にもよるが、ベランダに洗濯物を干していない、窓を閉めている部屋が多ければ、騒音や空気の汚れが考えられる。
□	ベランダ	外から、部屋のベランダや室内は見えやすくないか。配管などをつたってベランダから侵入される恐れはないか。
□	外壁	落書きやひび割れはないか。
□	建物周辺	タバコのポイ捨てやゴミはないか。
□	ゴミ置き場	場所はどこか。敷地外なら、場所が遠いなどゴミ捨てが大変ではないか。ゴミ置き場はきれいに保たれているか。
□	ゴミ捨てルール	敷地内なら、24時間ゴミを捨てられるのか。どのくらいの頻度でゴミを出せるか。
□	駐輪場	場所はどこか。きれいに使われているか。子どもを乗せるシート付きや三輪車があるなど、自転車の様子で住人の傾向がわかることも。
□	郵便受け	簡単に中身を取り出せないか。セールス禁止としているか。チラシでいっぱいの郵便受けがあれば、空室の可能性大。そんな郵便受けが多いなら、空室の多い物件かも。
□	防犯カメラ	あれば、どこに何台あるか。エントランス、エレベーター等。ダミーのカメラの場合もあるので確認を。
□	エントランス	清潔に管理されているか、ゴミは落ちていないか。オートロック機能はあるか。
□	管理人	管理人の有無。いるなら、常駐か特定の時間のみか。
□	エレベーター	古い物件では、ないケースも。４階以上ならエレベーターがあるか確認する。エレベーター内の防犯カメラの有無も。
□	廊下・共用部分	荷物は置かれていないか。清潔さが保たれているか。
□	部屋の鍵	鍵はどの種類か。ディンプルキーか、一般的な鍵か。防犯性が高いのはディンプルキーか、カードキー。

物件見学
03

内見のポイント②室内

実際の生活動線をイメージする

ニオイや音も細かく確認

内見するときは、部屋は空っぽなので広く感じます。家具やベッドを置いた空間をイメージして、お風呂やトイレの場所、洗濯機置き場から洗濯物を干すといった、生活の動線も含めてチェックしましょう。

暮らしてから気づきやすく、我慢できないのはニオイと音。トイレや排水溝から異臭がしないか確認を。気密性が高い部屋は、窓枠のすみに湿気がたまりやすいので見ておきます。壁に耳を当てたり、天井からの足音、周辺からの音にも耳を澄ませましょう。

家具や家電を置く場所、運び入れる玄関のサイズも測ります。入居初日に必要となる、カーテンのサイズや照明の形もチェック。また、スマホの電波状況も必ず確認しましょう。入居後に気づいたら、キャリア会社に電波改善対策を相談することになります。

玄関はもちろん、部屋のなかの扉はすべて開け閉めして、建て付けをチェック。

室内のチェックポイント

	場所	ポイント
□	玄関	ドアチェーンの有無、インターホンのタイプを確認。荷物を運び入れるため、玄関のサイズを測っておく。
□	シューズボックス	シューズボックスの収納は十分か。ブーツが入る高さはあるか。
□	キッチン	水圧はどうか、お湯は出るか、コンロの数、ガスか電気か、シンクの大きさ、調理スペースの有無、収納の有無を確認。冷蔵庫置き場の位置と大きさを測る。
□	バス・洗面台	シャワー・追い焚き機能の有無、水圧はどうか、排水はきちんとできるか、カビのニオイはしないか。換気扇があれば、動きと音をチェック。
□	トイレ	タンクのなかをチェック。カビがあればニオイの原因に。
□	洗濯機置き場	室内か室外か、防水パンはあるか。防水パンの大きさと蛇口までの高さを測ると、置ける洗濯機のサイズがわかる。
□	部屋	ニオイはないか、天井に雨漏りあとはないか、ドアの建てつけ、上の階からの足音もチェック。間取り図と違う点はないか。
□	壁	カビのあとはないか。壁の素材は何か、隣の音は聞こえないか。
□	エアコン	作動させてきちんと動くか、嫌なニオイはしないか。
□	収納	広さ、高さ、奥行きをチェック。持ち物を入れられるスペースがあるか、コートをかける高さがあるか。カビの有無も確認。
□	家具を置く位置	ベッドやテレビなど家具家電を置く場所のサイズを測っておく。キッチンにドアがあれば、ドアのサイズも測る。
□	コンセント類	コンセントは2カ所あればベスト。1カ所なら延長コードも考える。テレビ端子の位置や電話線の位置も確認する。
□	電波状況	室内で携帯電話がつながるか、部屋の数カ所でチェック。周囲に高いビルがあると届かない場合も。
□	窓	必ず開けて開閉がスムーズか、隣の建物との距離、音、ニオイを確認。2カ所以上窓があれば風通しもチェック。入居日にカーテンが必要なので、窓の大きさを測り、カーテンレールを確認。
□	照明	照明器具の有無。なければ入居初日につけるようにする。
□	ベランダ	広さと日当たり、洗濯物が干せるかをチェック。外に干せない場合は浴室乾燥機があるか確認して。

内見時は、住人の不在が多い昼間になるため、音のチェックを十分にできない場合も。不動産屋にも必ず確認を。

物件見学 04

昼と夜で町の雰囲気は変わる
内見のポイント③周辺環境

生活スタイルと防犯で確認

部屋ばかりが気になりがちですが、「通勤通学30分」「駅から10分」といった条件と、日常の暮らしも考えてどこに住むかを決めましょう。その物件の周辺環境も重要です。まず、自分のライフスタイルにあった環境かチェックすること。自炊派なら近くにスーパーマーケット、外食派なら飲食店や弁当屋、パン屋があるとよいでしょう。メインバンクのATMや病院、郵便局もあると便利です。

内見は昼間に行うことが多いもの。夜は、雰囲気がガラリと変わります。気に入った物件は、実際に帰宅する時間の駅までの様子を見ておくのがベスト。また、空き巣被害が多いのは、通りに面しておらず、植え込みなどで死角のある物件です。公園や空き地が近くにあれば、人が隠れる場所がないか、あればどこか確認します。

同じ駅でも南口と北口などで雰囲気がまったく違うことはよくあります。気になるときは、交番で「いつもこんな様子ですか」と聞きましょう。駅まで自転車で行くつもりなら、駅前の駐輪場の空き状況をチェックします。

ネットなどで周辺の地図をプリントアウトしたり、物件のチラシに描かれている簡単な地図に、これらの周辺情報を記入してみましょう。そうすると、帰りに利用できる店や施設、飲食店の種類や場所、危険な場所、夜遅くまで営業している店などの状況が把握できます。

すべてが希望通りになる場所はありません。安全性や休日に利用したい店、暮らしに必要な施設、あると便利な店などを考えて優先順位を決めましょう。

周辺環境のチェックポイント

	チェック項目	ポイント
□	駅までの道のり	実際に歩いてどのくらいかかるか、人通りは多いか、車の交通量や歩道の状況なども確認。見通しの悪い場所はないか。
□	駅までにある店	帰る時間に営業していて、立ち寄れる店はどこか。女性なら、万が一のときに逃げ込めるコンビニや店はあるか。
□	利用する店	クリーニング店やドラッグストアなど、よく利用する(利用したい)店はあるか。
□	夜の雰囲気	暗い場所や人が隠れられる場所がないか。街灯は十分にあるか。
□	物件周辺	公園や空き地があれば、人が隠れる場所がないか、公園や空き地から部屋が見えないか、防犯面をチェック。
□	騒音	近くに幹線道路や、繁華街はないか。保育園や小学校などがあれば、日中は子どもの声が響いたり、休日のイベントで騒がしいことも。
□	休日のために	カフェや図書館、映画館、スポーツクラブなど、休日に利用したい施設や場所はあるか。
□	各施設	メインバンクのATM、郵便局、病院はあるか。交番があれば位置を確認する。

コンビニの雑誌棚に女性誌が20%以上あれば、周辺に女性が多く、経済誌が多いと男性が多い傾向に。

物件見学 05

よい物件が見つかったら

メリットとデメリットを把握

前の入居者について聞く

内見の1軒目から、とても気にいった物件に出会うことも。繁忙期は、よい物件はすぐになくなってしまいます。ただ、どんな物件にもメリットとデメリットがあるもの。まずは、不動産屋の担当者に「いつまで待てますか？ 明日は？」と聞いてみましょう。一晩考えたり、人に相談したりして気づくこともあるはずです。

判断材料を得るために、気になることは担当者にすべて聞くこと。「ここのデメリットはなんだと思いますか？」とか、「個人的にどう思いますか？」と聞くと、個人の意見を言ってくれる担当者もいます。

さらに、前の入居者が入居していた期間や退去理由なども聞きましょう。入居期間が長ければ、居心地がよかった可能性が高まります。どんな人が住んでいたか、近隣トラブルはあったか、この物件にはどんな住人がいるかなど、なんでも聞いてみましょう。個人情報は教えてくれませんが、男女や学生、社会人が多いなどと教えてくれたりします。

空室期間が長い、空室が多い物件なら、人気がない理由を見つけるきっかけになり、家賃交渉の材料にもなります。あまりに転入居のサイクルが早い物件なら、なにか問題があるかもしれません。

もちろん、2〜3軒は内見して比較検討するのがベスト。ですが、家賃が予算内で、デメリットも含めて「ここだ」と思ったら、申し込みに進みます。気になることは質問して、不安はなるべく解消しましょう。家賃など条件の上位をクリアしていれば、よしとしてもＯＫです。

部屋探しの落とし穴

メリットがデメリットに？ 見落としがちな場所

ロフト付きでラッキーと思っていても、夏は暑くて寝られないことも。温かい空気は上に集まるため、扇風機は必須です。シューズボックスはあっても、高さがなくてブーツが入らないケースは、よくある話。クローゼットも同様で、ある程度の高さがないと、コートの裾は折れ曲がったままの収納です。駅に近い物件は、夜の電車の音が気になって寝られず、飲食店が多くて便利な場所は、夏に虫で悩むこともあります。思い込みでスルーせず、確認したり、生活をイメージすることが大切です。

物件見学

06

理想が高すぎる可能性も
物件が見つからなかったら

条件の優先順位を見直す

物件が見つからない人は、共通点があります。まず、理想の物件と相場があっていないケース。理想が高すぎると見つかりません。相場をきちんと把握して、築年数や設備の条件を落とす、駅や路線を変えることを考えましょう。

もうひとつ、よくあるのが「もっといい物件があるかも」と決断できないケースです。物件を見るほど、もっと広く、もっと駅近がいいと条件がブレて、決められなくなります。もう一度、「なぜこの条件が必要か」と優先順位を見直したり、「これはない」などと嫌なものを消去法で避ける方法も試してみます。

条件のポイントは、①家賃、②希望の通勤通学時間、③希望の間取り、④設備の4つ。条件を明確にして、家賃が妥当か聞きながら不動産屋に相談を。「室内洗濯機置き場、エアコン付き」など譲れない条件と、次に優先順位が高い「バス・トイレ別」などと順次追加します。「一番安い物件は？」と聞くと、築年数など意外に譲れるものが見えたりします。

それでも満足しないなら、不動産屋を変えてみて。担当が変わると視点が変わります。自社物件をもつ不動産屋なら、そこにしかない物件を教えてくれます。

また、エリアを変えると、安くていい物件を見つけやすくなります。通勤通学をバスに変えれば、エリアが広がります。オンライン授業や在宅勤務が増え、通う時間にこだわらないなら、終点や始発の駅を選んでも。通勤通学が必要になっても、座って通えます。住む場所を変えると、選択肢に入る物件が増えます。

部屋探しの落とし穴

見つからなければ優先順位を再検討

人気エリアで、設備が充実していて広い物件は、家賃が高額。そうでない物件は家賃が下がります。

マンションではなく、アパートの最上階にすれば、上の階がないので足音などが気になりません。築年数が古くてもリフォームされていれば、新築並の設備が整っていて快適です。通勤通学に長時間かかるところは、自然が豊かでのんびり暮らせる環境だったりします。つまり、考えかたしだい。見つからないときは、発想を変えて、立地や交通、建物を見直しましょう。

物件見学

07

発想を転換して柔軟に考える

迷って決められないときは？

日当たりが悪い＝夏は涼しい!?

迷う、決められない人で多いのは、「逃した魚は大きい」パターンです。1～2軒目に内見した物件がピッタリだったのに、「最初だから」「ほかにもあるかも」と悩むうちに、別の人が契約するのはよくあること。よい物件を逃すと、同等かそれ以上を求めて、ますます決められなくなります。不動産屋は早く契約できるよう、希望に近い物件から紹介します。「いいかも」と思ったら、住むつもりでその物件を見ていきましょう。

また、内見は、親や現在ひとり暮らしをしている兄弟や友人と一緒にします。経験者だから見える、意外なチェックポイントやアドバイスがもらえます。付き添いがいなければ、担当者に迷う点を具体的に伝えて意見を求めましょう。

ひとり暮らしなら、家賃と絶対に譲れない第一条件がクリアしていればなんとかなる

夏は暑くなりにくく、家具や寝具を傷めにくい。
外観や築年数にこだわらなければ、家賃は下がる。
昼なのに暗い……
ボロッ

学生の部屋探しでは、家族と一緒に探すことも多い。家族の意見に左右され、決められないケースも。

もの。デメリットと思うことは、意外な利点になります。

日当たりが悪ければ、家具が日焼けしにくく、夏は暑くなりにくいものです。ユニットバスは、トイレ床の掃除が簡単。シャワーでサッとできます。コンロが一口だけでもレンジを活用すれば、気にならないかもしれません。

すべてに満足できる物件はありません。あったとしても、間違いなく満室です。はじめてのひとり暮らしは、家賃や管理費など月々の予算をオーバーしないことを優先しましょう。無理のない範囲で、新しい生活をスタートさせるのが一番です。万が一問題があれば、契約更新時に転居を検討すればいいと気軽に考えましょう。

契約
01

必要な書類を事前に教えてもらう
申し込み前にやること

費用を確認&交渉する

契約する前に、入居の申し込みをします。これは、大家さんが「この人を入居させていいか」を審査する手続きです。申し込み書類に、本人の氏名、住所、生年月日、勤務先（大学名）、年収、連帯保証人の氏名や連絡先などを記入します。ほかに、学生は親の収入証明と大学の合格通知書、新社会人は内定通知書、身分証のコピーや、連帯保証人の納税証明書などの書類が必要な場合も。実印を求められることもあり、必要となるものは事前に聞いておきましょう。

多くの場合、1万円から家賃1カ月分くらいの申込金を支払います。申込金は、契約までの間に不動産屋に預けておくお金で、契約時のお金にあてることができます。キャンセルする場合は返金されるかどうか確認し、預かり証を発行してもらいます。

契約する前なので、申し込み後もキャンセルできますが、入居審査が進行しているとあなたの信用度が下がる可能性もあります。申し込む前に、物件や諸費用の最終確認をしておきましょう。

諸費用のなかに、たとえば「害虫駆除費」「消臭費」「浄水器費用」などが含まれる場合もあります。不要なものは外してもらいましょう。

人気物件や繁忙期は、家賃交渉できる可能性は低いものの、仲介手数料や礼金は交渉する価値あり。大家さんの利益も考えて「家賃を○○円にして、礼金２カ月分をゼロにできないか」という提案も有効です。ただし、あまりにしつこく値切ると、支払い能力がないのかもと見られるので注意が必要です。

部屋探しの落とし穴

連帯保証人、保証会社って？

連帯保証人は、契約者が家賃を滞納したときに、代わりに支払いの義務が生じる人のこと。賠償の責任などが問われる場合も。学生や新社会人の多くは、親や親類に依頼します。審査時に、連帯保証人に電話が入るので、電話が繋がりやすい時間を伝えます。親が高齢の場合、審査が通らないことも。連帯保証人がいないときは、保証会社を利用できるか相談を。連帯保証人と保証会社の両方が必要になる場合もあります。ちなみに、ほとんどの場合、利用する保証会社は指定されています。

契約
02

火災保険はほぼ必須 契約時に提案される保険

保険について考えておく

契約のメインとなるのは、「賃貸借契約書」です。これは大家さんと交わす契約であり、入居後のトラブル回避のための契約です。そして、借り主を保護するために、契約前の説明が必須となっている「重要事項説明書」にも署名・捺印をします。重要な内容が多岐にわたって書かれ、情報量も多いので、不動産屋にコピーしてもらい、事前によく読んでおきましょう。どこが重要なのか聞くのもアリです。

近年増えているのが、入居条件に賃貸保証会社への加入を必須としている物件です。これは、家賃滞納の場合に肩代わりする会社。入居者が学生や新社会人の場合は、審査の対象は連帯保証人となります。いない場合は、不動産屋に相談します。保証料の目安は、初回に家賃の半額から1カ月分、2年目以降は年1~2万円ほどです。

また、賃貸物件では保険契約を結ぶことがあります。家財を守る、原状回復義務を果たすことを目的とします。大家さんが指定しているケースもありますが、利用したい保険（会社）があれば相談できます。

ほぼ必須の火災保険（家財保険）は、火災などが起こったときに、自分の家財を守るための保険です。

もっとも重要なのが、借家人賠償責任保険。水漏れなど、自分が原因で原状回復義務が生じたときに役立ちます。ほとんどの場合、火災保険とセットで加入できます。

個人賠償責任保険を勧められることもありますが、クレジットカードに付帯していることもあるので確認しましょう。

住まいにまつわるおもな保険

保険の種類	補償内容	補償額の目安
火災保険（家財保険）	火災などで自分の家財が燃えたときに、自分への補償のために加入する保険。落雷や水濡れなどで損害を受けた家財一式も補償される。保険会社が、部屋の広さや人数に応じて目安金額を定めているので、参考にして。高価な家財がないなら低額補償にしても。	単身では300万円程度が目安。低額なら100万～200万円くらい。
借家人賠償責任保険	火災保険の特約の保険。自分が原因で部屋を焼失させた、水漏れで床が破損したなど、部屋に損害を与えたときに、原状回復義務を補償するもの。大家さんに対する補償で、加入していないと高額な賠償責任を負うことになる。	一般的には1000万～2000万円
個人賠償責任保険	他人に損害を与えたり、怪我をさせたなど、日常生活におけるトラブルを補償するもの。水が階下に漏れて補償を求められた場合などにも使える。火災保険の特約としてつけられるが、クレジットカードに付帯した保険のほうが保険料は安い。	1000万円～無制限

契約
03

申し込み前から準備をする
契約時に必要なお金とモノ

印鑑証明と書類は早めに

賃貸の契約時に必要なものは、物件によって異なるため、事前に不動産屋に確認しておきましょう。一般的には、「本人のもの」として、住民票、身分証明書、家賃が引き落としの場合は銀行口座、銀行印などを用意。「連帯保証人のもの」は、住民票、実印、印鑑証明、年収を証明する書類、連帯保証人の承諾書などが必要です。

また、本人の印鑑証明と印鑑が求められることもあります。学生や新社会人は、印鑑証明に必要な印鑑登録をしていない人が多いもの。まず、印鑑登録をする印鑑を用意し、本人が身分証明書を持参して役所で手続きをしましょう。その日のうちに登録完了でき、その印鑑が実印となります。その際に発行される「印鑑登録証（印鑑登録カード）」で、印鑑証明書を発行できます。

契約時に必要な書類などとお金

▶本人
住民票(マイナンバーの記載がないもの)、印鑑、印鑑証明、本人の身分証明書、銀行口座、銀行印

▶連帯保証人
住民票(マイナンバーの記載がないもの)、印鑑証明、印鑑、年収を証明する書類(源泉徴収票または納税証明書)、連帯保証人の承諾書(同意書)

▶学生の場合
大学や専門学校の合格通知書

▶新社会人の場合
内定通知書

▶初期費用
契約時に支払う場合と、事前に振り込む場合がある。

注意するのは、住民票です。まず、続柄や本籍地の記載が必要か、本人の住所と氏名がわかればいいのか、確認しましょう。マイナンバー(個人番号)が記載された住民票はNGです。不動産屋は受け取れないので、再取得することに。

まれに、引越すからと契約前に転出届の手続きをする人がいますが、そうすると現住所の住民票を取得できないので注意しましょう。住民票の有効期限はたいてい3カ月。それ以前に取得したものは使えない場合もあります。

敷金礼金などの初期費用も必要です。通常は、契約時に支払うものですが、事前に振り込むケースが増えています。契約しない場合は返金してもらえるかなどを確認してから入金しましょう。

契約

04

契約書のチェックポイント

納得するまで説明を求める

退去の費用確認は念入りに

入居の契約は通常不動産屋で行いますが、オンライン契約も増えています。契約までのやりとりがほぼオンラインで、直接会うのは内見と鍵の受け取りだけというケースも。賃貸借契約書に署名捺印すると、正式に契約が成立します。あとから不利な条件を見つけても、「知らなかった」は通用しません。事前に契約書などのコピーを読んで疑問点をあげておくと、スムーズに進みます。契約の流れは、「重要事項説明」のあとに「賃貸借契約書」の説明があり、納得すれば署名捺印をして初期費用を支払います。当日もしくは後日、鍵を受け取って部屋に入れるようになります。

説明の前に、「録音してもいいですか」と確認し、録音しましょう。「言った、言わない」のトラブルを避けるためです。重要事項説明は、不動産屋が契約の重要なポイントをまとめたもの。加えて、災害の危険性や避難ルート、避難所、事故物件など、義務がある事柄を説明してくれます。

契約時には必ず、①故障などのトラブルが起こった場合の緊急連絡先、②家賃の支払い日と方法、③退去時の条件、④特約の内容、⑤禁止事項の5つはしっかり確認します。①の緊急連絡先は、トラブルはいつ起きるかわからないので、すぐ連絡できるようにしておきます。②の家賃の支払い方法は、銀行振込や引き落としなどさまざま。とくに支払い日が休日の場合の支払い日も確認しましょう。支払いが遅れると、保証会社が肩代わりして数千円の手数料を取られる場合があります。

③は退去するとき、どこにいつまでに連絡するか確認を。退去時に、敷金から原状回復費やクリーニング代を差し引いた額が返金されます。どこまでが入居者の責任になるか確認しましょう。④の特約には、原状回復を入居者に求める内容が書かれているケースが多々あります。畳の表替え、カーペットの張り替え費用などが含まれたり、支払う金額が決まっていることも。負担が大きいと感じたら、条件の変更を申し出ましょう。納得できないなら、契約しないという選択もあります。⑤の禁止事項は、ペットの飼育や楽器演奏、石油ストーブの使用禁止などがあるので確認しましょう。

賃貸借契約書は、契約条件がすべて記載され、法的にも効力がある重要な書類。トラブルのない生活を送るためにも、ポイントを押さえてしっかりチェックしましょう。

契約書の文言で意味がわからなければ質問して OK。最終ページにある記名押印欄に記入・捺印したら契約成立です。

契約書の見本(賃貸住宅標準契約書／一部抜粋)

❺賃料の金額と支払い方法
賃料に間違いがないか、どの方法でいつまでに払うのか確認を。口座振替の場合は、口座届け印が必要となる。

❷部屋の設備
「冷暖房設備・有」はエアコンがあるということ。設備に間違いがないか確認する。基本は、過失以外で故障したら、大家さん負担で修理するものとなる。

❶建物の名称・所在地
契約する物件に間違いないか確認を。まれに違う物件が書かれている。

5

平成 30 年 3 月版・家賃債務保証業者型

（3）賃料等

賃料・共益費		支払期限	支払方法	
賃料	円	当月分・翌月分を 毎月　日まで	振込、口座振替又は持参	振込先金融機関名： 預金：普通・当座 口座番号： 口座名義人： 振込手数料負担者：貸主・借主
共益費	円	当月分・翌月分を 毎月　日まで		持参先：
敷金	賃料　か月相当分 円	その他一時金		
附属施設使用料				
その他				

（4）貸主及び管理業者

6

貸主（社名・代表者）	住所 〒 氏名　電話番号
管理業者（社名・代表者）	所在地 〒 商号（名称）　電話番号 賃貸住宅管理業者登録番号　国土交通大臣（　）第　号
＊貸主と建物の所有者が異なる場合は、次の欄も記載すること。	
建物の所有者	住所 〒 氏名　電話番号

（5）借主及び同居人

7

	借主	同居人
氏名	（氏名） （年齢）　歳 （電話番号）	（氏名）　（年齢）　歳 （氏名）　（年齢）　歳 （氏名）　（年齢）　歳 合計　人
緊急時の連絡先	住所 〒 氏名　電話番号　借主との関係	

（6）家賃債務保証業者

家賃債務保証業者	所在地 〒 商号（名称）　電話番号 家賃債務保証業者登録番号　国土交通大臣（　）第　号

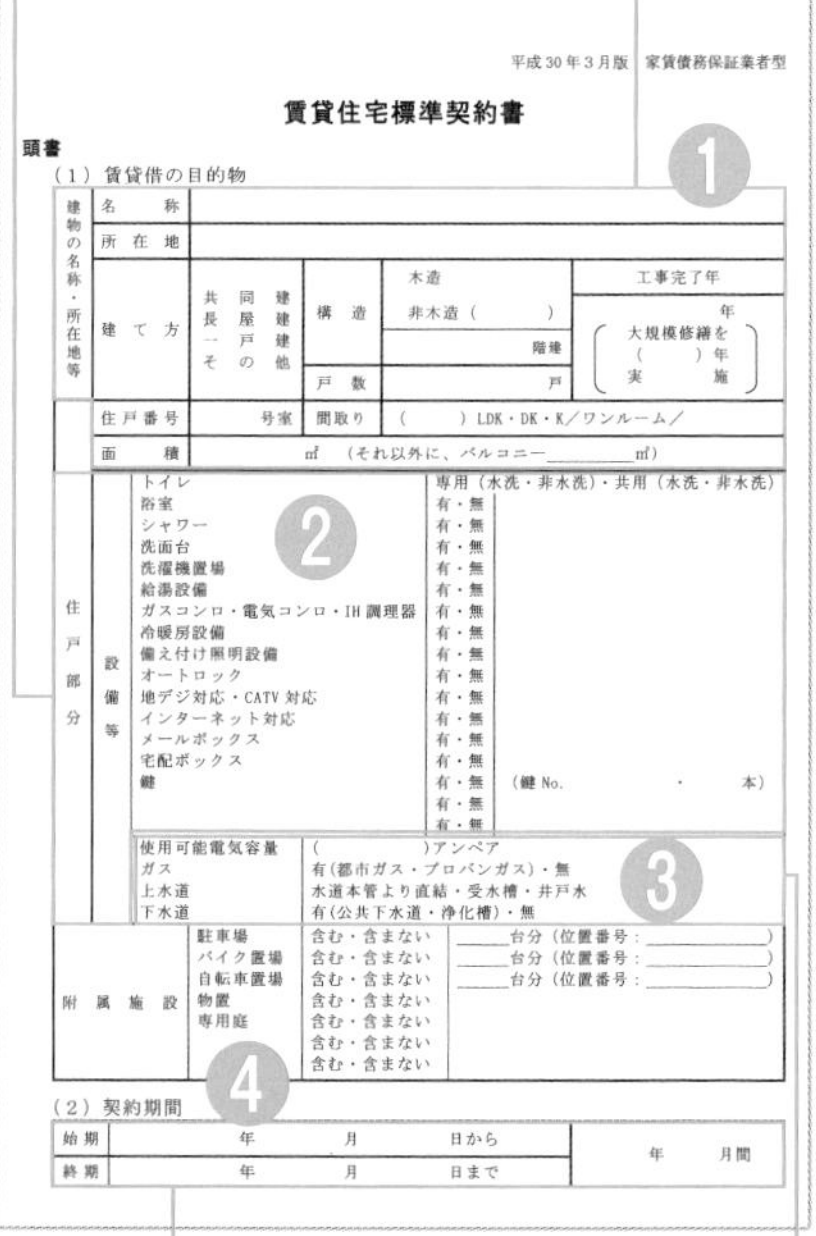

平成 30 年 3 月版　家賃債務保証業者型

賃貸住宅標準契約書

頭書

（1）賃貸借の目的物

建物の名称・所在地等	名称				
	所在地				
	建て方	共同建 長屋建 一戸建 その他	構造	木造 非木造（　） 階建	工事完了年 年 （大規模修繕を（　）年実施）
			戸数	戸	
	住戸番号	号室	間取り	（　）LDK・DK・K／ワンルーム／	
	面積	㎡（それ以外に、バルコニー＿＿＿㎡）			

住戸部分	設備等	トイレ	専用（水洗・非水洗）・共用（水洗・非水洗）
		浴室	有・無
		シャワー	有・無
		洗面台	有・無
		洗濯機置場	有・無
		給湯設備	有・無
		ガスコンロ・電気コンロ・IH 調理器	有・無
		冷暖房設備	有・無
		備え付け照明設備	有・無
		オートロック	有・無
		地デジ対応・CATV 対応	有・無
		インターネット対応	有・無
		メールボックス	有・無
		宅配ボックス	有・無
		鍵	有・無　（鍵 No.　・　本）
			有・無
			有・無
		使用可能電気容量	（　）アンペア
		ガス	有（都市ガス・プロパンガス）・無
		上水道	水道本管より直結・受水槽・井戸水
		下水道	有（公共下水道・浄化槽）・無

附属施設	駐車場	含む・含まない	＿＿台分（位置番号：＿＿＿）
	バイク置場	含む・含まない	＿＿台分（位置番号：＿＿＿）
	自転車置場	含む・含まない	＿＿台分（位置番号：＿＿＿）
	物置	含む・含まない	
	専用庭	含む・含まない	
		含む・含まない	
		含む・含まない	

（2）契約期間

始期	年　月　日から	年　月間
終期	年　月　日まで	

❻貸主と管理業者
物件の貸主の大家さん、管理業者を確認。管理業者が決まっているなら、トラブル報告は管理会社にする。

❹契約期間
ここに書かれた始期日から終期日までが契約期間。部屋に入れるのは始期日から。終期日以降も住む場合は更新料と手数料が必要。

❸電気・ガス
アンペアとガスの種類の確認。ひとり暮らしなら 20 ～ 40A。プロパンガスは、都市ガスの倍近く費用がかかることも。できれば、ガスの種類は早めに確認しておく。

❼借主
借主として自分の名前、年齢、電話番号、緊急連絡先を確認する。

借主が解約時に費用負担するもの
画びょうによる壁の穴、タバコによる汚れや匂い、ペットによるキズや汚れ、水回りの洗剤跡、鏡の水アカ汚れ、換気扇の油汚れなど。

⑧禁止事項の取り決め
契約書には甲・乙とあり、甲は大家、乙は入居者を指す。貸主から許可をもらえる内容もあるが、絶対禁止の項目も。

⑩乙（借主）からの解約の取り決め
解約（退去）するときに、何日前までに通知しなければならないかを定めている。

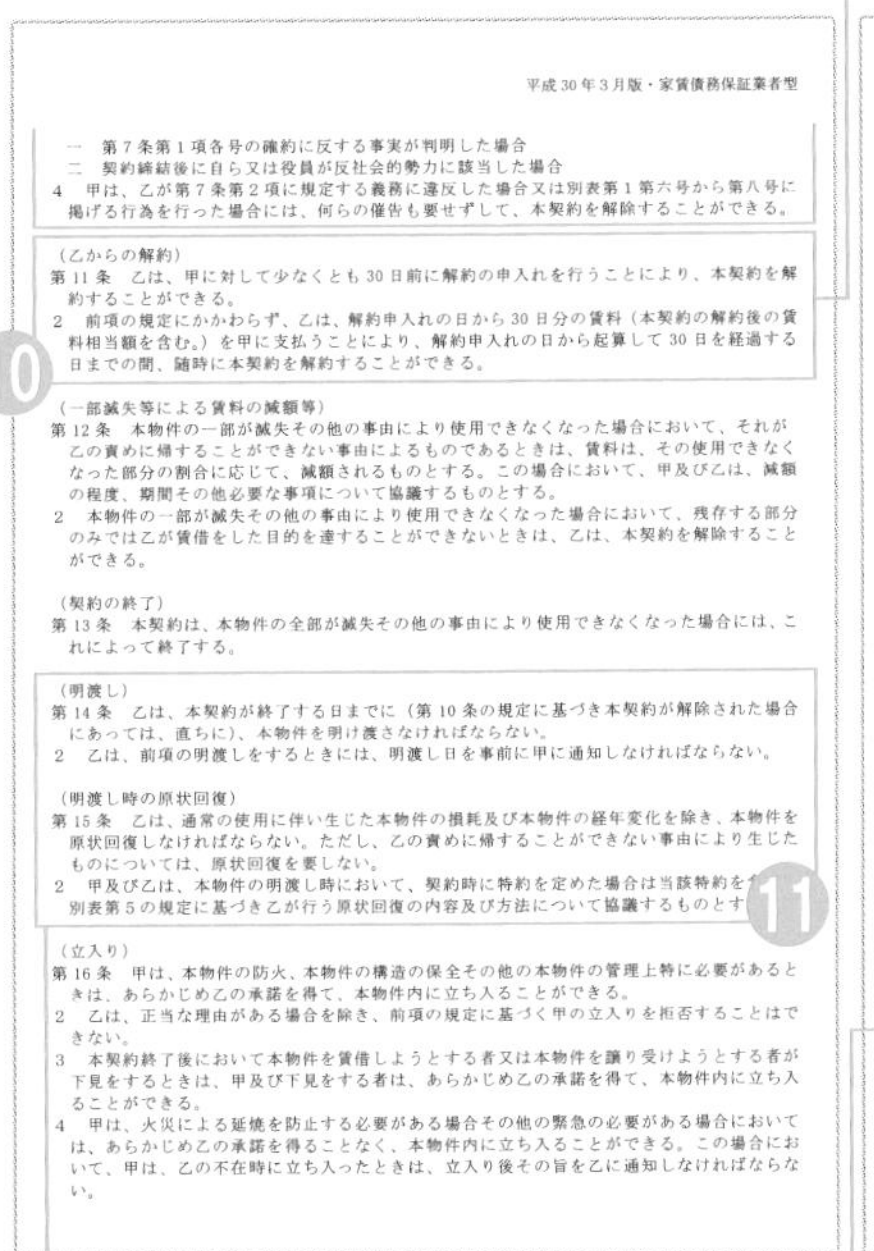

平成30年3月版・家賃債務保証業者型

一　第7条第1項各号の確約に反する事実が判明した場合
二　契約締結後に自ら又は役員が反社会的勢力に該当した場合
4　甲は、乙が第7条第2項に規定する義務に違反した場合又は別表第1第六号から第八号に掲げる行為を行った場合には、何らの催告も要せずして、本契約を解除することができる。

（乙からの解約）
第11条　乙は、甲に対して少なくとも30日前に解約の申入れを行うことにより、本契約を解約することができる。
2　前項の規定にかかわらず、乙は、解約申入れの日から30日分の賃料（本契約の解約後の賃料相当額を含む。）を甲に支払うことにより、解約申入れの日から起算して30日を経過する日までの間、随時に本契約を解約することができる。

10

（一部滅失等による賃料の減額等）
第12条　本物件の一部が滅失その他の事由により使用できなくなった場合において、それが乙の責めに帰することができない事由によるものであるときは、賃料は、その使用できなくなった部分の割合に応じて、減額されるものとする。この場合において、甲及び乙は、減額の程度、期間その他必要な事項について協議するものとする。
2　本物件の一部が滅失その他の事由により使用できなくなった場合において、残存する部分のみでは乙が賃借をした目的を達することができないときは、乙は、本契約を解除することができる。

（契約の終了）
第13条　本契約は、本物件の全部が滅失その他の事由により使用できなくなった場合には、これによって終了する。

（明渡し）
第14条　乙は、本契約が終了する日までに（第10条の規定に基づき本契約が解除された場合にあっては、直ちに）、本物件を明け渡さなければならない。
2　乙は、前項の明渡しをするときには、明渡し日を事前に甲に通知しなければならない。

（明渡し時の原状回復）
第15条　乙は、通常の使用に伴い生じた本物件の損耗及び本物件の経年変化を除き、本物件を原状回復しなければならない。ただし、乙の責めに帰することができない事由により生じたものについては、原状回復を要しない。
2　甲及び乙は、本物件の明渡し時において、契約時に特約を定めた場合は当該特約を
別表第5の規定に基づき乙が行う原状回復の内容及び方法について協議するものとす

11

（立入り）
第16条　甲は、本物件の防火、本物件の構造の保全その他の本物件の管理上特に必要があるときは、あらかじめ乙の承諾を得て、本物件内に立ち入ることができる。
2　乙は、正当な理由がある場合を除き、前項の規定に基づく甲の立入りを拒否することはできない。
3　本契約終了後において本物件を賃借しようとする者又は本物件を譲り受けようとする者が下見をするときは、甲及び下見をする者は、あらかじめ乙の承諾を得て、本物件内に立ち入ることができる。
4　甲は、火災による延焼を防止する必要がある場合その他の緊急の必要がある場合においては、あらかじめ乙の承諾を得ることなく、本物件内に立ち入ることができる。この場合において、甲は、乙の不在時に立ち入ったときは、立入り後その旨を乙に通知しなければならない。

8

平成30年3月版・家賃債務保証業者型

四　自ら又は第三者を利用して、次の行為をしないこと。
ア　相手方に対する脅迫的な言動又は暴力を用いる行為
イ　偽計又は威力を用いて相手方の業務を妨害し、又は信用を毀損する行為
2　乙は、甲の承諾の有無にかかわらず、本物件の全部又は一部につき、反社会的勢力に賃借権を譲渡し、又は転貸してはならない。

（禁止又は制限される行為）
第8条　乙は、甲の書面による承諾を得ることなく、本物件の全部又は一部につき、賃借権を譲渡し、又は転貸してはならない。
2　乙は、甲の書面による承諾を得ることなく、本物件の増築、改築、移転、改造若しくは模様替又は本物件の敷地内における工作物の設置を行ってはならない。
3　乙は、本物件の使用に当たり、別表第1に掲げる行為を行ってはならない。
4　乙は、本物件の使用に当たり、甲の書面による承諾を得ることなく、別表第2に掲げる行為を行ってはならない。
5　乙は、本物件の使用に当たり、別表第3に掲げる行為を行う場合には、甲に通知しなければならない。

（契約期間中の修繕）
第9条　甲は、乙が本物件を使用するために必要な修繕を行わなければならない。この場合の修繕に要する費用については、乙の責めに帰すべき事由により必要となったものは乙が負担し、その他のものは甲が負担するものとする。
2　前項の規定に基づき甲が修繕を行う場合は、甲は、あらかじめ、その旨を乙に通知しなければならない。この場合において、乙は、正当な理由がある場合を除き、当該修繕の実施を拒否することができない。
3　乙は、本物件内に修繕を要する箇所を発見したときは、甲にその旨を通知し修繕の必要について協議するものとする。
4　前項の規定による通知が行われた場合において、修繕の必要が認められるにもかかわらず、甲が正当な理由なく修繕を実施しないときは、乙は自ら修繕を行うことができる。この場合の修繕に要する費用については、第1項に準ずるものとする。
5　乙は、別表第4に掲げる修繕について、第1項に基づき甲に修繕を請求するほか、自ら行うことができる。乙が自ら修繕を行う場合においては、修繕に要する費用は乙が負担するものとし、甲への通知及び甲の承諾を要しない。

9

（契約の解除）
第10条　甲は、乙が次に掲げる義務に違反した場合において、甲が相当の期間を定めて
務の履行を催告したにもかかわらず、その期間内に当該義務が履行されないときは、本契約を解除することができる。
一　第4条第1項に規定する賃料支払義務
二　第5条第2項に規定する共益費支払義務
三　前条第1項後段に規定する乙の費用負担義務
2　甲は、乙が次に掲げる義務に違反した場合において、甲が相当の期間を定めて当該義務の履行を催告したにもかかわらず、その期間内に当該義務が履行されずに当該義務違反により本契約を継続することが困難であると認められるに至ったときは、本契約を解除することができる。
一　第3条に規定する本物件の使用目的遵守義務
二　第8条各項に規定する義務（同条第3項に規定する義務のうち、別表第1第六号から第八号に掲げる行為に係るものを除く。）
三　その他本契約書に規定する乙の義務
3　甲又は乙の一方について、次のいずれかに該当した場合には、その相手方は、何らの催告も要せずして、本契約を解除することができる。

⑪明渡し時の原状回復の取り決め
退去したあとのハウスクリーニングや原状回復には、何を負担する必要があるかを定めている。部屋をきれいに使っていれば、通常は高額にはならない。あらかじめハウスクリーニング代が設定されていることも（ワンルームで3万円前後）。

⑨契約解除の取り決め
大家さんが物件ごとに定めている条件。多い項目として「途中解約」があり、契約期間内に解約すると違約金が発生する。ほかに、契約に違反した場合に解除され、住めなくなるケースもある。

納得できないなら変更を

印鑑を押す前の確認

初めての賃貸借契約は、聞き慣れない言葉がたくさんあり、つい面倒になりがちです。でも、署名捺印をすると契約が成立します。気づかずに契約違反すると、違約金を請求されたり、強制退去となるケースもあります。わからないことをそのままにせず、きちんと説明を求めましょう。

部屋探しでは初期費用を意識しますが、契約時には退去時のルールや費用を確認することが大切。退去費用に関するトラブルが非常に多いからです。確認をおこたると、敷金から戻る金額が減り、敷金ゼロの物件なら退去時の負担増加につながります。ひとつずつ確認し、納得いかないことは、とことん担当者に聞いて、交渉してもかまいません。変更できたら、その場で契約書を訂正してもらいます。完全に納得した上で、署名捺印をしましょう。

契約書は、入居者同士のトラブル回避のための約束も含まれます。大家さんの権利を守ると同時に、入居者が快適に過ごせるように考えられた、法的なルールでもあるのです。契約書の控えは、退去するまで保管しておきましょう。

Part2

引越しの基本

準備 01

予約は早めに

引越しの流れ

段取りを組んでスムーズに

入居できる日が決まったら、引越す日を決めましょう。家具や家電の搬送ができるよう、エレベーターの有無や階段の幅、玄関ドアのサイズを測っておきます。入居初日に必要となるカーテンや照明器具、すぐに使う生活用品や家具・家電、引越し作業で必要な道具などの買い物リストをつくり、買い物をする日も決めてしまいます。

そして、引越し方法を決め、引越し業者を利用するなら、3月末は予約が取りにくいので早めに連絡を。繁忙期は料金が高く、土日祝日はさらに高くなります。不動産屋に、安くなるタイミングや安い業者などを聞いてみましょう。役所やガス・電気などの手続きや購入するものなどをリストにしておくと、スムーズに進められます。時間がかかるのが、荷物の選別と梱包作業。早めに荷造りを始めましょう。

引越し当日までのスケジュール

約１カ月前までにやること

・引越す日を決める
・引越し方法を決める
・引越し業者を使うなら見積もりを依頼
・全体のスケジュールを決める
・購入するものリストをつくる

3週間前までにやること

・引越し業者を決める
・梱包材を用意する
・必要なものを購入する

2週間前までにやること

・すぐに使わないものの荷造り（本、靴、雑貨、服など）
・部屋のレイアウトを考える
・立ち会いが必要となるガス会社に連絡する

やることが多いので
計画的に。

ガスの開栓作業には、立ち会いが
必要となる。引越しが集中する3
月、4月は早めに申し込む。

1週間前までにやること

・行政への手続き（転出届、国民健康保険、印鑑登録など）
・インフラの手続き（電気・ガス・水道・インターネット、郵便、NHK など）
・部屋のレイアウトを決める

２～３日前までにやること

・荷造りをほぼ完了させる
・パソコンデータのバックアップ
・自分の部屋の掃除
・手土産を用意する（あいさつまわりをする場合）
・転居はがきの発送（出す場合）
・新居までの交通手段を決める

前日にやること

・すぐに使うものを梱包する（充電器、歯ブラシ、タオル、化粧品など）
・布団なども梱包する
・荷物の数を数える
・自分で持っていく貴重品を準備する
・現金を用意する

準備 02

引越し前にやるべき手続き

すべてを1週間前までに完了させる

まとめて一気に手続きを

転居の手続きで重要な住民票の転出届けは、自治体の役場で行います。また、印鑑登録をしている場合は廃止手続きが必要です。同じ日に手続きしましょう。

電気・ガスは、賃貸借契約書や重要事項事前説明書に供給会社名と電話番号が記載されている場合は決まっています。記載されていない場合は、自分で選べます。

なお、ガスは開栓時に立ち会いが必要なので、早めに予約をしましょう。水道は水道局に連絡を。インターネットのプロバイダ契約は、少し時間がかかるため早めに手続きをします。これらの手続きは、入居1週間前までに終わらせましょう。

ただし、モバイル回線（ポケットWi-Fiなど）を使う場合は、引越し後に新しい住所が決まってから契約します。

必要な書類は市区町村によって異なるため確認を。

引っ越す前にする手続き

内容	いつまで	方法
インターネット	できるだけ早めに	必要に応じて、プロバイダ契約をする。
転出届	引越しの14日前～当日	引越し前の市区町村役場か、郵送(郵送は手続きに5日ほどかかるので早めに)。
国民健康保険	上に同じ	上に同じ。
国民年金	上に同じ	上に同じ。
印鑑登録の廃止	引越しの前日まで	登録している市区町村役場で手続きする。
ガス	引越しの1週間前まで	指定の業者または管轄のガス会社に、ネットか電話にて立ち会いの予約をする。
電気	引越しの3日前まで	指定の業者または管轄の電力会社に、ネットか電話、郵送にて申し込み。
水道	引越しの3日前まで	新居を管轄する水道局に、ネットか電話、郵送にて申し込み。
郵便物の転居届	引越しの1週間前まで	最寄りの郵便局で転居届を受け取り、必要事項を記入して投函。または日本郵便のサイトで手続きする。
銀行口座	引越しの前日まで	ネットバンクに登録すれば、ネットで手続きできる。受付は窓口のみのケースも。
NHK	できれば引越しの1週間前まで	世帯を離れるため、新規契約が必要。家族と生計を同一にするなら「家族割引」が利用できる。
新聞	引越し前日まで	必要なら、新居の最寄りの販売店に連絡する。
そのほか	引越し前日まで	利用しているネットショップや会員カード、宅配サービス、定期購読誌などの住所を変更する。

※手続きできる人は、本人もしくは世帯主、住所が同一の人、代理人。代理人は委任状が必要になる場合もある。

準備
03

距離と荷物の量を考える

引越しで最初に決めること

ダンボールの数をまず把握する

引越し費用は、荷物の量や新居までの距離によって変わります。まずは、自分の荷物の量を把握すること。家具や家電は買って新居に届けてもらえば、運ぶ荷物が少なくてすみます。家具や家電を運ぶなら、その分も含めて運ぶ量を考えましょう。

ひとり暮らしの人の段ボール数の平均は、10～15個くらい。ですが、引越し料金を安くするために、業者の荷物の規定に収まるように荷物量を調整してもいいでしょう（79ページ）。段ボールは、縦と横、高さの3辺の合計が120～130㎝のMサイズが標準。Tシャツなどの薄い服なら50枚ほど、コートなどかさばるものは10～20枚入ります。書籍や食器といった重いものは、3辺の合計が100～110㎝のSサイズにします。持ち上がらない、底が抜けるといったことがあるからです。

段ボールの底が抜けないようテープを十字にとめる。

フタ側は、真ん中に1本貼って両はしをとめ、H字型にテープをとめればOK。

段ボールは、業者が無料や有料で用意することもあるので確認を。自分で調達したら安くすむ場合もあります。ネットやホームセンターなどで購入したり、家電量販店やスーパー、薬局などから段ボールを譲ってもらうのもいいでしょう。軽い商品用の段ボールは、つくりが弱いので注意が必要です。

また、どこまで自分で作業するかという点も重要です。荷造りからすべて業者に任せるのか、搬送だけ任せるか、すべて自分でやるのかを決めましょう。

近距離で荷物が少ないなら、自力での引越しも可能。長距離になると、レンタカーやガソリン代などが高くなり、かえって高くなることもあります。トータルでかかる費用を考えましょう。

準備 04

荷物の量と価格で検討

引越し業者のタイプと選びかた

長距離は宅配か引越し業者へ

引越しを依頼できる業者には、引越し専門業者、宅配業者、軽貨物運送業者（赤帽）などがあります。大きな荷物がある、荷物が多い、引越し先が遠方の場合は、引越し業者に頼みましょう。引越し専門業者の通常プランは高額になりがち。レディースプランや学割プラン、単身用のミニ引越しプランなどがあるので相談してもよいでしょう。

荷物が少なく、特定サイズのコンテナに入る量なら、宅配業者の単身引越しパックがおすすめです。自転車はコンテナに入らないので、自転車を無料配送するサービスがある業者か大型のコンテナの業者、別で自転車専用配送業者を利用します。近距離なら、軽トラックで運ぶ赤帽が安くすみますが、時間帯により追加料金が発生することもあります。段ボールのみで9個以内の場合は、郵便局のゆうパックが安くなります。

赤帽

タイプ　短距離、短時間向け（2時間20kmが基本料金）

積載量　軽トラック１台分（最大350kg）

目　安　段ボールのみなら約50個。段ボールを減らせば、シングルベッドや自転車も乗せられる。

注意点　赤帽は共同組合のブランド名なので、会社ごとにサービスが異なる。距離や時間、作業内容によってプラス料金がかかるので必ず相談する。

宅配便の単身引越しサービス

タイプ　遠距離、一般的な荷物量

積載量　一般的には高さ170cm×幅100cm×奥行き100cmくらいのコンテナ

※業者によって異なり、コンパクトサイズやビッグサイズがある

目　安　一般的なコンテナは段ボールのみなら30個くらい。コンパクトサイズは16個前後。

注意点　荷物の到着は翌日以降。コンテナに入らなければ別便になる。

引越し業者

タイプ　大きな家具家電がある、荷物が多い

積載量　一般的なチャーター便は２トン。プランによっては限定される場合も

目　安　プランによる

注意点　見積もりで価格が決まる。格安プランの混載便や帰り便などは、荷物到着に時間がかかる場合も。業者によっては、レディースプランや学割プランもある。

準備05

相見積もりをして必ず交渉する

引越し業者と交渉するコツ

安くなる方法も聞いてみる

引越し業者を使う場合は、複数の業者から見積もりをとって検討するのが基本。自宅に訪問して、荷物の量を見ながら見積もりする「訪問見積もり」が中心です。エレベータの有無や荷物の量を正確に伝えないと、当日運べなくなります。

ですが、今は訪問なしの見積もりもでき、電話やメール、ビデオチャットなどでやりとりします。手軽で便利な反面、余裕ある積載量で見積もるため高くなりがちで、値段交渉しにくい傾向にあります。

見積もりは、2~3社で比較し、「A社は○万円だけど、安くできない?」「B社が格安なので迷っている」など、交渉しましょう。ポイントは業者の言い値で即決しないこと。「相見積もりをするので、全部そろってから決める」「待てないなら他社にする」と

訪問見積もりで確認すること

□	引越し料金が安くなる方法はないか。
□	荷造り梱包用の段ボールは何個もらえるか。有料ならいくらか。
□	空になった段ボールは引き取ってもらえるか(後日引き取り)。
□	荷造りはどこまで自分ですべきか。家具家電の梱包方法について。
□	引越し料金の支払い方法と、支払うタイミング。
□	新居の周辺の道路幅を確認する(近くに停められない場合は割増になることも)。
□	オプションサービスは何ができるか、無料でつけられるか。
□	エレベーターで搬送できるか。
□	持っていくか迷っている家具家電があれば、伝える。
□	自転車、バイク、車などがあれば、どうすればいいか確認する。
□	パソコンの梱包・搬送はお願いできるか。荷物の破損など万一の場合の保証を聞く。

キッパリ言うと断りやすく、さらに安くなったりします。「○○円なら今、契約します」と提示してもよいでしょう。

午前中より午後や夕方、週末より平日の引越しが安くなったりします。どうしたら安くなるか相談し、作業員の数や、荷物の破損などの保証についても確認を。迷っていることは正直に言い、できるだけ正確に伝えることも大切です。

宅配業者の単身パックは、コンテナが利用できるか確認します。コンテナの幅と奥行き（１００cm×１００cmなど）サイズで床にテープを貼り、そのなかに荷物を置いてみて、高さ（１７０cmなど）以内に収まるなら、ネットで見積もりを出せます。

準備

費用を抑えるために

家から持っていくもの

直後に必要なものを優先

引越しの荷物は、多すぎると費用がかかるので、自宅から持っていくもの、引越し後に買いそろえるものを考えましょう。なお、引越し後はバタバタと忙しく、まわりのお店情報も少なくて、すぐに買いに行けないことも。必ず使うものは、先に買って送っておくと安心です。

洋服や靴、バッグはすぐに使うので持っていきます。冬物は最低限のものだけにして、寒くなる時期に取りに行ったり、送ってもらっても。敷布団や掛け布団、毛布などの寝具も必要です。ベッドは、引越し後に落ち着いてから買ってもよいでしょう。使っているベッドを新居で使いたいなら、業者に依頼します。

バスタオルやタオルは、多めに用意します。自分の食器やカトラリー、自宅で余っている調理器具なども持っていきましょう。ただし、本当に使うか吟味しないと、不要になるので注意が必要です。

すぐ使う手鍋やフライパンは、購入して送りましょう。テーブルは、メイクや食事など意外に使うシーンが多い家具です。折りたたみ式の小さな机があると、便利かもしれません。

引越し後は、段ボールや梱包材などで汚れるので、掃除が必要です。雑巾とホウキ、チリトリは必需品。すぐに使うトイレットペーパーは2〜3個、トイレのお掃除シート1個、ティッシュボックス1個、ボディーソープ、シャンプー&リンス、歯ブラシ、歯磨き粉、女性なら生理用品やドライヤーも必須です。ハンガーもいくつか用意しましょう。

引越しの落とし穴

こたつを用意するなら、こたつテーブルに

冬のアイテムとして、こたつの利用を考えているなら、テーブルは不要です。テーブルと、こたつの2つを揃えてしまうと、かなりスペースをとってしまいます。夏は通常のテーブルとして使える、「こたつテーブル」を用意しましょう。冬の暖房器具としても使えて、電気代の節約も期待できます。部屋の広さにもよりますが、1〜2人用なら一辺90cm程度か、それ以下を目安にコンパクトサイズを検討。折りたたみ式もあります。夏は、圧縮袋などでこたつ布団を収納しましょう。

準備
07

冷蔵庫、洗濯機、レンジでOK
買わなくてよい家具・家電は？

レンタルするなら2年以内

家具や家電は、一気にそろえると失敗のもと。部屋が狭くなったり、あまり使わないものまで買ってしまうからです。まずは、必須アイテムだけそろえます。絶対に必要なのは、エアコンと照明。多くの物件は備えていますが、もしなかったら準備しましょう。春に引越すなら、エアコンは夏前に備えます。

入居直後に届くよう手配しておきたいのが、冷蔵庫と洗濯機。冷蔵庫は、外食派なら100L程度、自炊派なら150〜200Lを目安に、利用頻度の高い冷凍庫の大きさを重視しつつ、冷蔵庫の上にレンジが置ける耐熱天板であるものを選びましょう。

洗濯機は5〜6kgを目安に。電子レンジは、外食派でもお弁当の温めにあると便利。よく料理するなら、オーブンレンジを検討します。自炊派は、3合炊きの炊飯器を用意しましょう。置き場所を考えてから買ってもかまいません。

　これらの家電は、アース付きを選びましょう。漏電による感電や、落雷による家電へのダメージを防いでくれます。

　テレビは、パソコンで観る人は不要。録画機能が必要ならテレビを用意し、テレビ台か、収納ボックスで代用するか検討を。掃除機はカーペットやラグがなければ、使わない人も多いようです。ソファも生活しながら考えましょう。

　費用をおさえたいなら、搬送料金を確認した上で、ネットショップやリサイクルショップを利用しても。家電レンタルを利用する方法もありますが、２年以上レンタルするなら、購入したほうが安くなります。

引越しの落とし穴

壊れたら困るものは中古より新品を

　リサイクルショップの家電は、費用が安いのがメリット。ただ、買ってすぐ壊れてしまっては、修理代や、廃棄にするときに費用が必要なものもあり、かえって高くなる場合もあります。また、新品の製品は省エネ設計され、機能が優れています。とくに毎日使うもの、壊れたら困るような、冷蔵庫や洗濯機、電子レンジなどは新品のほうがおすすめです。中古品を検討するなら、クリーニングやメンテナンス済みか、メーカー保証は残っているか、年式はいつかなどをチェックしましょう。

引越し当日

01

新居の傷や汚れ、不具合を確認

部屋の状態をチェックする

日付入りの写真を残す

できれば、家具が搬入されないうちに、新居の状態を最終チェックしましょう。内見時に気づかなかった汚れや傷、不具合があるかもしれません。自分が傷つけてないなら、退去時のトラブル回避のために日付入りの写真を撮り、管理会社（不動産屋）に連絡します。契約時に、物件状況チェックシートを受け取っていたら、記入して1週間以内に郵送しましょう。写真は管理会社にも渡し、契約書と一緒に保管します。

チェックしながら、天井、壁、床、水回りをすみずみまで掃除します。できれば、浴室には防カビのくん煙剤、部屋には防虫のくん煙剤を使うと、防カビ防虫対策になります。事前に、部屋のチェックをする時間がない場合は、引越し当日に荷物が到着する前か、あるいは入居して1週間以内に必ず確認しましょう。

遠めで位置がわかるよう撮影し、傷がわかるように近くでも撮影する。

物件状況のチェックポイント

□	壁に汚れやクロスのはがれ、クギ穴などがないか。
□	床に目立つ傷、汚れ、焼け焦げはないか。
□	天井に汚れやクロスのはがれなどはないか。
□	ガラスにひび割れや傷はないか、窓の開閉はスムーズか、施錠できるか。
□	網戸・雨戸にやぶれや穴はないか、開閉はスムーズか。
□	玄関ドアや室内の扉、引き戸や収納扉の開閉はスムーズか。
□	スイッチ、コンセントのプレートは割れていないか、照明は使えるか。
□	エアコン、インターフォン、換気扇、コンロ、給湯器などの設備は使えるか。
□	収納の内部にカビが生えていたり、ニオイはしないか。
□	キッチンの床や壁、天井、シンクに目立った汚れはないか。
□	シンク下にカビはないか。
□	排水管に詰まりやニオイはないか、流れにくいことはないか。
□	水やお湯はきちんと出るか。
□	浴室の床や壁、天井にカビが生えていないか、目立った汚れはないか。
□	トイレのフタにひびや割れはないか、水の流れはスムーズか。
□	洗面台のボウルや鏡に傷はないか、壁や床にカビがないか。
□	靴箱の内部にカビが生えていたり、ニオイがしないか。

汚れや傷がある場所に、付箋などで印をつけて撮影すると、あとで見返すときわかりやすい。

引越し当日

02

引越し当日に持っておくもの

貴重品と重要書類は持参

スマホの充電器を忘れずに

引越しでは、貴重品は自分で持っていくのが鉄則です。業者は運んでくれません。業者への支払いが当日なら、現金も必要です。

バッグには、新居の鍵、通帳、印鑑、身分証明書（免許証や保険証など）、新居の住所を書いたメモ（スマホのメモ機能でも）、役所の転出証明書などの書類、筆記具、充電器（モバイルバッテリー）を忘れずに入れます。急きょ必要となるものを買う場合に備えて、現金も用意しましょう。印鑑と身分証明書は、ガスの開栓で使います。

当日は、引越し業者や電気・ガス・水道の職員などから連絡が入るので、スマホが充電切れにならないよう注意を。高価なアクセサリーや、ノートパソコンも自分で運びましょう。

パソコンがデスクトップの場合は、業者に梱包を依頼。購入時の外箱と梱包材を使うのがベスト。

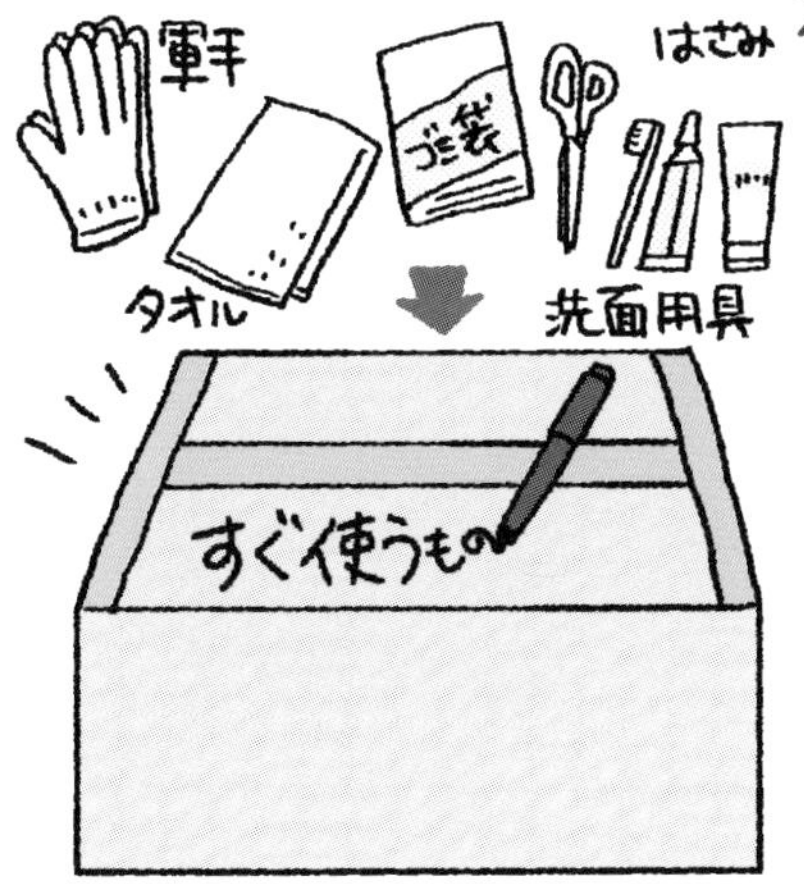

●自分で持ち運ぶもの

現金、通帳、印鑑、新居の鍵、契約書、転出証明書、筆記用具、絆創膏、スマホ充電器、ノートパソコン、高価なもの・壊れやすいもの

●すぐに使うもの

軍手（すべり止め付き）、タオル、雑巾、バケツ（コンパクトサイズ）、ハサミ（カッター）、ゴミ袋、ポリ袋、メジャー、ティッシュ、トイレットペーパー１個、タオル、新聞紙、紙皿、紙コップ、その日に使う洗面道具と着替え

また、新居に到着後、すぐに必要となるものを持参すると、業者が到着するまでの時間を有効活用できます。雑巾やクロスがあれば、家具や家電を置く場所をサッと拭き掃除できます。ご近所にあいさつまわりをするなら、手渡す品を用意しておきましょう。

荷物が届いたらすぐに使うのが、すべり止め付きの軍手、マスク、ゴミ袋です。ほかに、段ボールの開封で指などを切ったときに使う絆創膏、搬送中のケガ防止に役立つスリッパ、部屋のレイアウトを決めるためのメジャー、玄関を開けておくストッパーがあると便利です。

これらは搬送してもらってもＯＫ。搬出時に最後に積み込んで、すぐに開封できるようにしておきましょう。

引越し当日

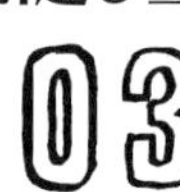

荷物や家具など搬送の指示をする

引越し当日にやるべきこと

水道・電気も確認を

業者が自宅（旧居）にきたら、いよいよ引越しです。注意点などを軽く打ち合わせて荷物を積み、忘れ物がないか入念に確認を。精算は、作業を始める前にすることが国土交通省のルールで定められています。内容を確認して支払いましょう。

新居に到着したら、管理人がいるマンションは管理人にあいさつを。引越しでエレベーターを使い、通路に荷物を置いたりするので、先にあいさつしておくと、うまく取りはからってくれたり、印象がよくなったりします。

荷物が届いたら、段ボールの数をチェック。荷物はどこに運ぶか、家具や家電はどの位置にどんな向きで置くかといった、細かな指示が必要です。部屋のレイアウトを考えておき、テキパキと指示しましょう。最後に、積み残しはないか段ボールの数を再確認

当日作業のチェックリスト

旧居（実家）での作業	
□	引越し業者が着いたら精算する。
□	搬出作業の立ち会いをする。
□	段ボールなど荷物の数をチェック。
□	新居まで自分で移動する。

新居での作業	
□	管理人がいればあいさつする。
□	部屋を掃除＆チェックする。
□	電気・水道が使えるか確認する。
□	ガスの開栓の立ち会いをする。
□	荷物が到着したら数をチェックする。
□	破損や紛失がないか、業者立ち会いで確認する。
□	自力で引越した場合、レンタカーの返却、友人へのお礼。

旧居から新居への自分の移動手段も考えておく。

し、破損や紛失、傷などの有無を、引越し業者の立ち会いで確認します。また、業者への差し入れは、しなくても構いませんが、ペットボトル１本でも喜ばれるので、渡してもよいでしょう。

ブレーカーをあげて電気が通じているか確認し、水が出るかをチェックします。ガスの立ち会いの時間も忘れないこと。スタッフが到着すると、ガスの栓を開いて、ガス器具の安全を確認してくれます。時間はおよそ30分前後です。

自力で引越しをした場合は、手伝ってくれた人にお礼を渡すか、ちょっと豪華な食事をしてもよいでしょう。お礼は、友人なら３０００円～５０００円、親類や知人は５０００円～１万円を目安にします。

引越し当日

04

その場で指摘、解決が効果的

引越しトラブルが発生したら？

必要なら補償の話をする

引越しでは、予想外のことやトラブルが起こることもあります。できるだけ落ち着いて必要なところに連絡するなど、その場で解決への行動をすることが大切です。

当日、約束の時間に業者が遅刻することもあります。連絡なしに数時間遅れた、ひどい場合は来なかったというケースも。契約時などに、当日の担当者の連絡先を聞いておきましょう。そして、遅刻した時間分の費用を割り引くよう交渉します。場合によっては、担当者と話すのでなく、会社の相談窓口に連絡したほうが効果的です。

また、運ばれた荷物の中身が壊れていることも。われものや壊れやすいもの、パソコンなど高価なものは、すぐにチェックしましょう。荷物を部屋に搬送するときに、作業員が家具や部屋を傷つけるのは、よくあるトラブル。それらの破損に気づいたらすぐに指摘し、傷がひどい場合は、その場で上司に連絡してもらい、補償や今後の対応をどうするか明確にします。あとになって気づいたら、すぐに業者に連絡を。時間が経ちすぎると、引越し時の傷かどうか証明できません。その場で対応するのがベストです。

段ボールが1個足りないといった紛失のケースもあります。業者に探してもらうと同時に、保証の話を進めます。

トラブル回避のためにも、訪問見積もりの際に、運輸局の許可証を持っているか確認しましょう。許可証の携帯は必須なので、確認できない場合はその業者は使わないこと。電話やメールなどの対応が悪い、ダンボールを回収しない、契約を急かす業者も要注意です。

引越しの落とし穴

困ったときは消費生活センターへ連絡

どこに相談したらいいかわからないときは、消費生活センター（消費者センター）に連絡を。消費者ホットライン「188」にかけ、案内に従って新居の郵便番号を入力すると、近くの相談窓口につながります。通話料は有料です。ホームページから検索もできます。引越し専門の相談窓口「ひっこし110番」でも、アドバイスをもらえます。また、契約していないのに段ボールを置いていく業者が、段ボール代や契約を迫ることも。消費者センターに連絡すると伝えて断りましょう。

防犯を考える必要も

あいさつって必要？

あいさつまわりは、近隣への印象をよくする、地域について情報交換できるといったメリットがあります。住民トラブルになりがちな騒音の問題も、顔見知りならあまり気にならなくなるかもしれません。災害時はとくに、近隣とのコミュニケーションが重要になります。

ただ、近年は近所づきあいをしたくない人や、女性のひとり暮らしだとわかると防犯上の不安があるといった理由で、あいさつまわりをしない人も増えています。迷ったら、大家さんや管理人さんに相談し、ほかの入居者があいさつをするか、ほかにどんな入居者がいるか聞いて、判断しましょう。

あいさつは両隣と上下階の部屋の、計4軒のみにします。手土産は500円以下の洗剤やタオル、日持ちする焼き菓子などが一般的。タイミングが合わなくて、なかなか会えないなら、メッセージカードを添えてポストに入れるか、玄関にかけておきます。新築マンションで一斉に入居する場合は、あいさつまわりをしなくても OK です。なお、エントランスや廊下で住民とすれ違ったら、会釈をしましょう。

Part3

ひとり暮らしスタート

スタート
01

1日にまとめて効率よく

引越し後の手続き

転入届と免許証はすぐに

引越し後は、さまざまな手続きが必要です。期限を過ぎると罰金が発生したり、必要なサービスを受けられなくなったりする可能性も。また、携帯電話や自動車などの住所変更には、新しい住所の住民票が必要になり、転入届を出さないと発行できません。運転免許証や保険証は、新しい住所に書き換えるまで本人証明として使えなくなるので、できるだけ早めに手続きをしましょう。

転入届の受付ができる役所は、ほとんどの場合、土日祝日休みで平日に行く必要があります。必要に応じて、マイナンバーカードや国民健康保険、国民年金、印鑑登録なども一度にすませましょう。転入届を出すと同時に、住民票を取得できます。そのまま警察署などに行けば、運転免許証などの手続きもできます。

引越し後の手続きと期限

内容	いつまで	方法
転入届	引越し後14日以内	転出証明書、本人確認書類、印鑑などを持参し、転居先の市区町村役場で手続きする。郵送は不可。委任状があれば代理人が手続きできる。
マイナンバー	引越し後14日以内	転入届を提出する窓口で、変更事項として、マイナンバーカードの裏面にある追記領域に新しい住所を書き込んでもらう。
国民健康保険	引越し後14日以内	会社員の健康保険は会社が手続きする。国民健康保険の場合は、転居先の市区町村役場で手続きする。
国民年金	引越し後14日以内	会社員は、会社に被保険者住所変更届けを提出。国民年金の場合は、転居先の市区町村役場で手続きする。
印鑑登録	できるだけ早めに	新住所の市区町村役場で登録する。
携帯電話	できるだけ早めに	キャリアのサイトや電話、ケータイショップで変更手続きする。新しい住所が記載された本人確認書類が必要な場合も。
運転免許証	引越し後すぐ	新居の住所を管轄する運転免許試験場、警察署、運転免許更新センターにて。新しい住所が確認できる書類と運転免許証を持参する。
クレジットカード	できるだけ早めに	サイトや、カード裏面にある電話番号に問い合わせて変更手続きを。おこたると、金銭トラブルやカード会社からの信頼を損なう要因に。
生命保険・損害保険	できるだけ早めに	重要な知らせや書類が届かなくなるので、早めに。保険会社のサイトで手続きするか担当者に連絡する。
車庫証明申請	できるだけ早めに	転居先でも車を使う場合、自動車保管場所証明（車庫証明）を、管轄する警察署に申請する必要がある。
自動車の登録変更	引越し後15日以内	自動車検査証（車検証）の住所変更手続きが必要。新住所が記載された住民票などを持参して管轄の運輸支局で手続き。必要に応じてナンバープレートを交換する。
軽自動車の住所変更	引越し後15日以内	軽自動車の場合は、引越し先の管轄である軽自動車検査協会にて、新住所が記載された住民票などを持参して手続きする。管轄が変更になる場合はナンバープレートを交換する。

スタート
02

動線と落ち着く空間を意識

インテリアを考える

最初にベッドの位置を決める

部屋のレイアウトは、ベッドの置きかたひとつで、生活動線や印象が変わります。部屋を広く見せたいなら、低めでシンプルな形のベッドに。荷物の多い人はベッド下に収納スペースを確保しましょう。

ベッドは、部屋の壁沿いに置くのがスタンダードなスタイル。対面の壁にテレビを置き、クッションを床に敷くとベッドを背もたれとして使えて、テーブルを置くスペースも生まれます。

また、ベランダ側にベッドを置く配置にすると、生活空間を広く確保できます。ただし、ベッドがベランダへの出入り口をふさぐようなら避けましょう。ホテルのように、部屋の中央にベッドを置くこともできますが、狭い部屋ではベッドが動線を妨げて使い

長辺にベッドを置く

無理のない配置。生活空間を
四角く広く取れる。

短辺にベッドを置く

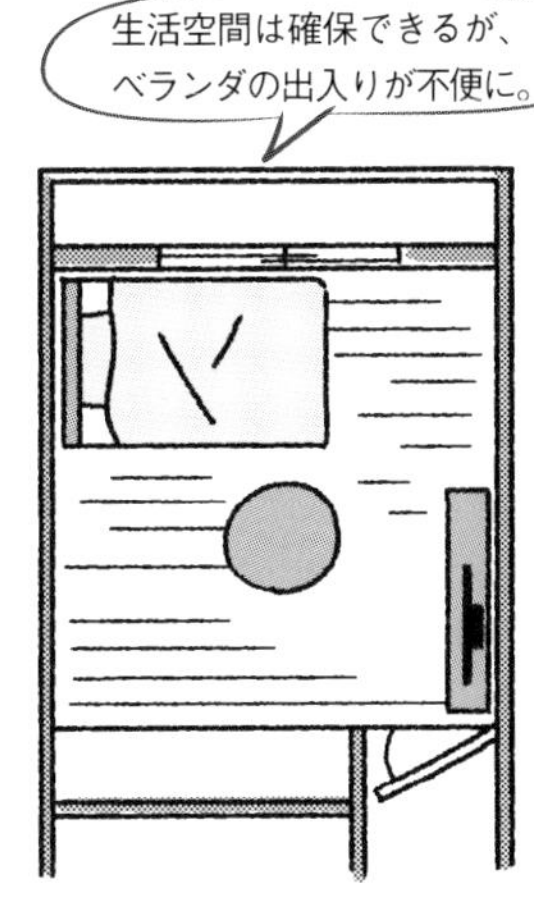

生活空間は確保できるが、
ベランダの出入りが不便に。

オンライン授業、リモート会議では背景は壁が基本。また、椅子に座るほうが体への負担は少ない。

勝手が悪くなる可能性大。玄関や部屋の入り口から枕が見えないように配置すると、落ち着いて休みやすくなります。

部屋は、「寝る、食べる、くつろぐ」という役割を果たします。食べたり、作業したりするテーブルは、ベッドから少し離して置くと、空間にメリハリが生まれます。

オンライン授業やリモート勤務をする場合、そのスペースを考える必要があります。アプリで独自の背景を設定するか、クローゼットの扉や部屋の壁が背景になるようにしましょう。

また、座椅子や座布団型のクッションに座るのもよいですが、半日以上その姿勢を続けるなら、机と椅子を置いたほうが腰や脚に負担がかかりません。

スタート
03

勧誘は一言目で断ってOK

防犯と迷惑行為の対策

洗濯物やカーテンにも注意

とくに女性の場合、不審者などから身を守ることが大切。洗濯物は、女性用とわかるものは手すりで隠れる低い位置に干す、下着は室内干しといった工夫が必要です。夜、明かりをつけると室内は丸見えになります。でも日中からカーテンが閉めっぱなしでは、留守と思われて狙われることも。ミラーレースカーテンをつければ、外からの目隠しが手軽にできます。そして、帰宅後にすぐカーテンを閉めましょう。

オートロックでも完全な防犯はできず、不審者が住民と一緒に入ることもあります。玄関を開けるときはまわりを確認し、鍵とドアチェーンをします。旅行などで3日以上留守にするときは、郵便受けをいっぱいにしないこと。新聞の配達を止め、宅配の不在通知はメールに届くよう登録し、郵便受けに「チラシお断り」と貼っておきます。

おもな防犯対策

□	ミラーレースカーテン、遮像レースカーテンをつける。
□	かわいいデザインのカーテンを避ける。
□	エレベーターは、知らない人と一緒に乗らない。
□	玄関の鍵は必ず閉め、ドアチェーンをかける。
□	玄関ドアや窓に補助錠をつける。
□	窓ガラスに防犯フィルムを貼る。
□	窓や玄関に家庭用の防犯ブザーをつける。
□	ベランダや玄関の外側にセンサーライトをつける。
□	ドアスコープ(覗き窓)や玄関ポストをふさぐ。
□	洗濯物は、ベランダの手すりより下に干す。
□	住所や名前が書かれているゴミはシュレッダーにかけて捨てる。

生活感を出しすぎないよう注意。

また、訪問販売や勧誘が来たときの対策はシンプルに「居留守」です。対応する場合も、玄関は絶対に開けてはいけません。興味がなければ、インターフォン越しやドア越しに第一声で「お断りします」。あとは無視でOKです。

ガス会社や水道局などを思わせる社名や要件をいい、上がり込もうとする人もいます。これらの業者は、必ず事前に連絡があります。「何も聞いていないから」といい、帰ってもらいます。

「よいアルバイトがある」「○○に選ばれました」といったチラシが入っても無視です。SNSに投稿するときも、住所や室内の様子がわかるような写真はNG。スマホの位置情報がオンになっていないかも確認しましょう。

スタート 04

家具はドアをふさがない場所に

万が一の災害に備える

家具や家電は固定する

家具の配置は、地震に備えることも意識しましょう。家具は万が一倒れても出入り口をふさがない場所に置き、耐震マットなどで倒れないよう固定します。冷蔵庫は、壁に穴を開けないタイプの専用ストッパーを使うと安心です。

地震発生時は、テーブルや布団で頭を隠して、まずは自分の身を守ること。揺れが収まったら、火の元を確認した上でドアを開け、逃げ道を確保します。

大きな災害の場合、ガスの元栓を閉め、ブレーカーを落とすのを忘れずに。もちろん最寄りの避難所は把握しておく必要があります。ひとり暮らしであっても、非常持ち出し袋は最低限のものを用意し、玄関の近くに置いておきましょう。

地震対策

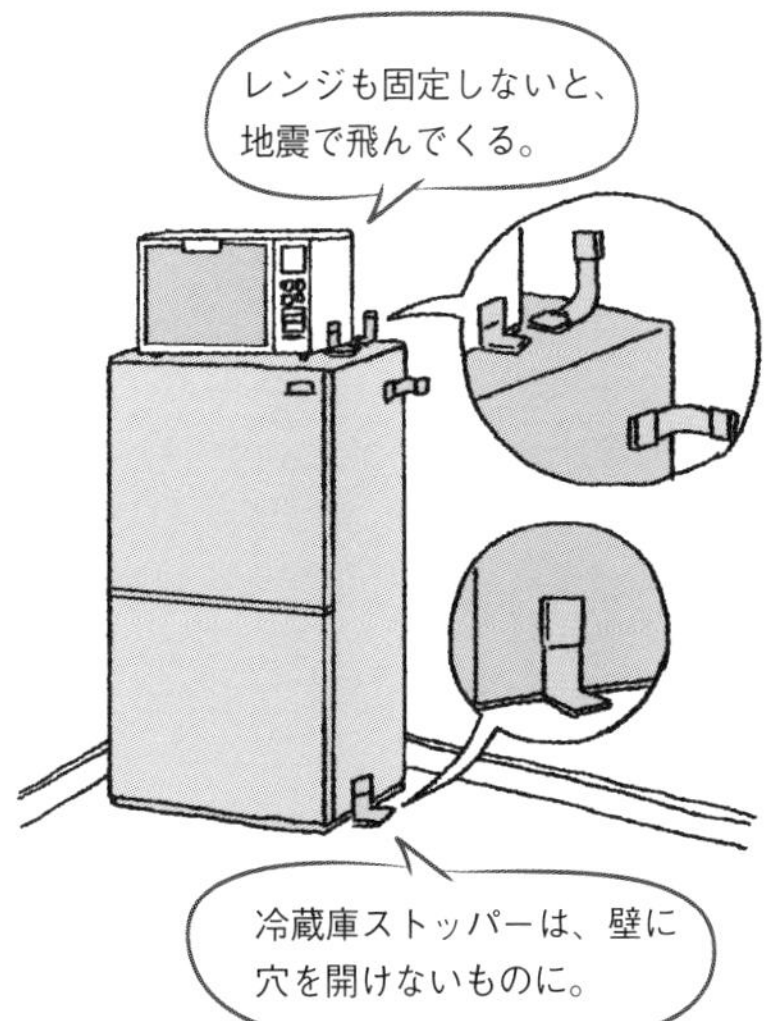

●非常時にあると便利なもの

・モバイルバッテリー、充電器
・携帯ラジオ、イヤホン
・懐中電灯（手回しや太陽光充電タイプ）、予備の電池
・飲料水（500ml×2本）
・非常食（ゼリー、菓子など）×3日分
・常備薬、消毒液、絆創膏、マスク
・歯磨き粉、歯ブラシ、タオル２～３枚
・ティッシュ、除菌用ウエットティッシュ
・ポリ袋（３～４枚）
・ろうそく、ライター、
・ロープ、ビニールシート、軍手、風呂敷、スリッパ
・耳栓、アイマスク、ハサミ、筆記用具（油性）

スタート 05

時間の使い方は自分しだい

タイムテーブルを把握する

予定はカレンダーに書き込む

ひとり暮らしでは、何時に寝ても、何を食べても誰も何も言いません。引越し当初はやることがありますが、慣れてきたら生活が不規則になりがちです。そうならないために、朝の起きる時間、寝る時間などをコントロールしましょう。

また、平日に必ずやるべきことは、スマホのカレンダーに入力しておくこと。月曜はゴミ出し、金曜はお風呂の掃除、アルバイトがあるなら、その時間も入力します。休日の予定も同様で、決まったらすぐ入力するクセをつけておけば、忘れません。

左ページのように、自分のルーティーンを把握して何をするかを決めておけば、時間を持て余すことが減ります。「いつまでに資格を取得する」「いくら貯める」といった目標を設定し、規則正しい生活をするのが理想です。

左ページのように

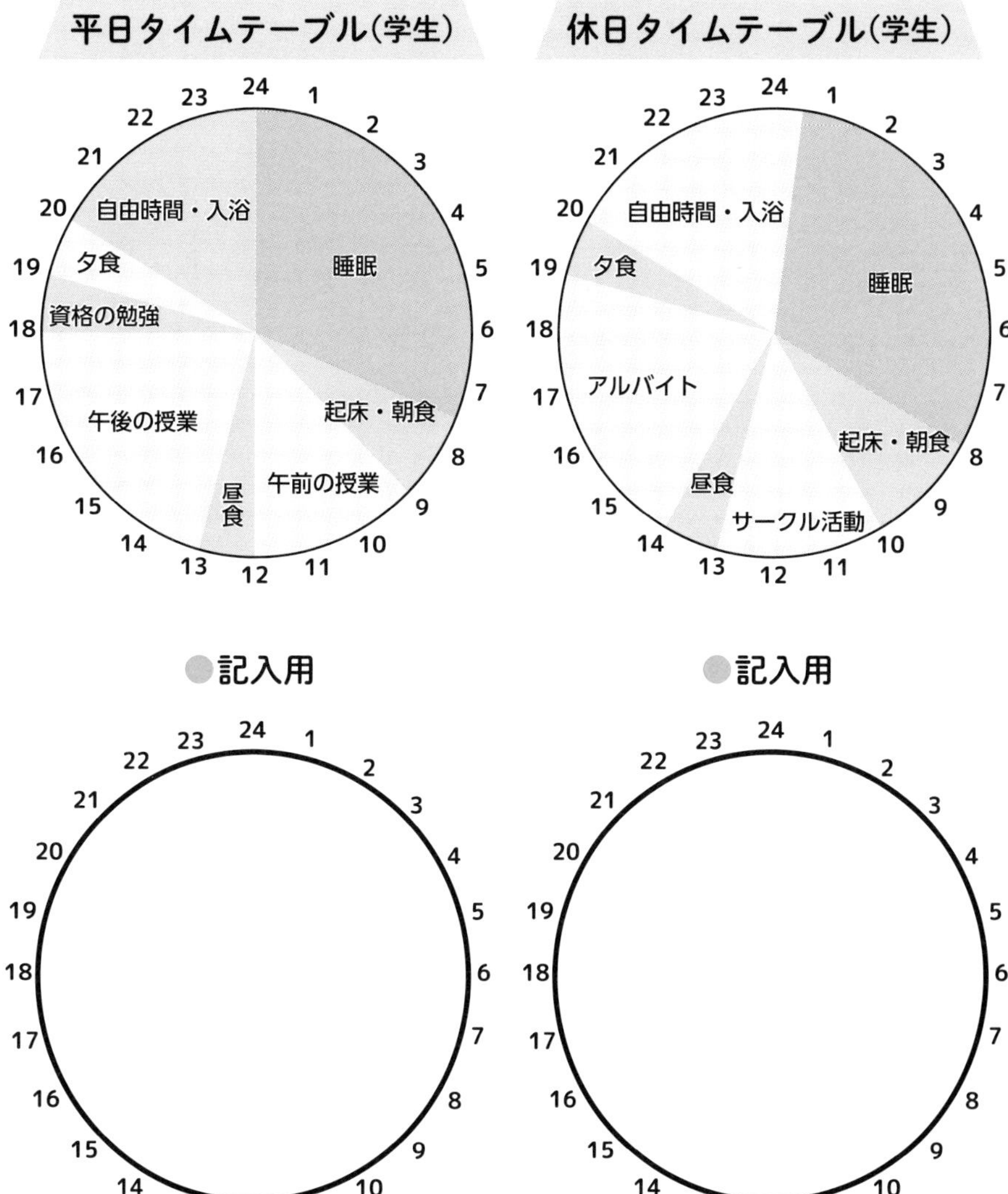
平日タイムテーブル(学生)
24
1
2
3
4
5
6
7
8
9
10
11
12
13
14
15
16
17
18
19
20
21
22
23
睡眠
起床・朝食
午前の授業
昼食
午後の授業
資格の勉強
夕食
自由時間・入浴
休日タイムテーブル(学生)
睡眠
起床・朝食
サークル活動
昼食
アルバイト
夕食
自由時間・入浴
記入用
記入用

スタート06

優先順位をつけて無駄なく遣う

1カ月の生活費を把握する

家計簿アプリで管理すると便利

ひとり暮らしでは、自分でお金のやりくりをしなければなりません。項目ごとに予算を決めて、計画的に遣いましょう。社会人になるなら、税金や保険の支払いも意識し、少しでも貯蓄するにはどんなお金の遣いかたをすべきかを考えます。

生活費で大きな割合を占めるのは、家賃。その次が食費です。どのような食生活を過ごすかによって、支出額が変わります。自炊中心で毎月の食費が2万5000円くらいの人でも、外食やお弁当を買う日が多かった月は4万円近くになることもあります。光熱費も、夏と冬の時期は高額になりやすいので注意しましょう。

生活費には、必ず決まって出ていく項目があります。家賃、光熱費、通信料、保険料、交通費（定期代）などです。収入から、この合計金額を差し引いた額で、毎月の生

1カ月の生活費（社会人の場合）

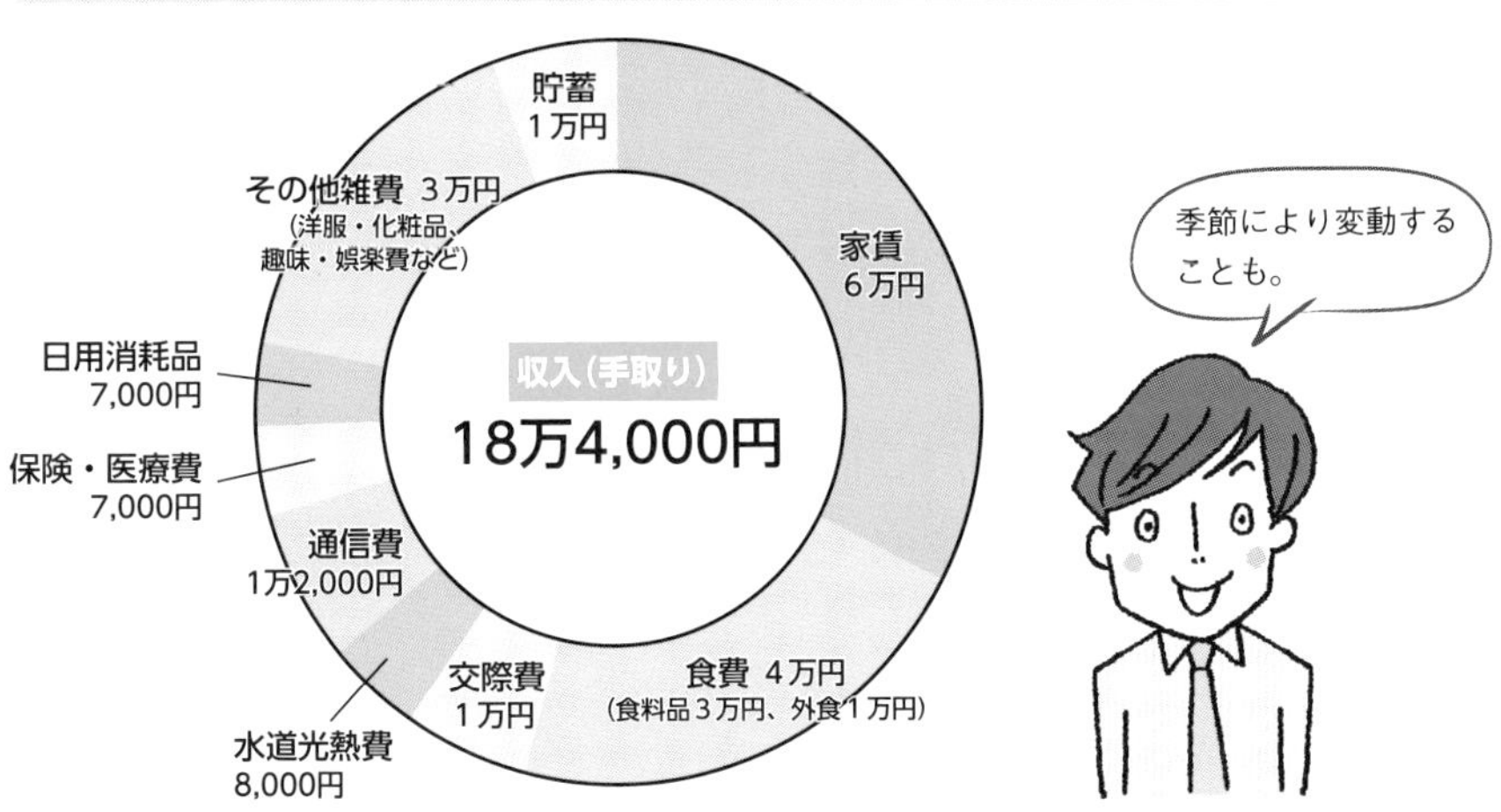

活費をやりくりします。貯蓄は自動引き落としにしておくとよいでしょう。

残った金額から食費、日用品代、交際費、洋服・美容代などの遣いかたを考えます。趣味・娯楽費の支出が不規則なら「雑費」として使える額を決めます。優先順位をつけながら考えましょう。

「お金が足りない！」とならないためには、何にどれだけ使っているのか把握することが大切。家計簿をつけて、自分のお金の遣いかたを知り、管理しましょう。手書きの家計簿でもいいのですが、スマホの家計簿アプリを活用すると、続けやすくなります。レシートをカメラで読み取り、自動で項目をグラフ化するアプリなどもあります。使いやすいものを見つけましょう。

スタート 07

節約の基本ルールと買い物術

暖房と給湯器、冷蔵庫を意識する

固定費の見直しから

出費を抑えるには、毎月必ずかかる固定費を見直すことからはじめます。チェックしたいのは、通信費です。データ容量があまるならプランと、ついでにオプションも見直しを。格安ＳＩＭとモバイル回線（ポケットWi-Fi）へ変更すれば、大幅に節約できます。外出先はフリーWi-Fiを活用し、アプリを使うと通話は無料です。

家庭の光熱費で、エネルギー消費がもっとも高いのは給湯（約28％）、次に暖房（約25％）です［エネルギー白書２０２０］。電気の消費量では、トップは冷蔵庫（約14％）、次に照明器具（約13％）と続きます［資源エネルギー庁２００９年］。エアコンによる暖房と、給湯器、冷蔵庫の使いかたを意識しましょう。

エアコンは、室温が設定温度に達するまでに最大電力を使うため、自動運転で一気に

暑さ、寒さへの対処法

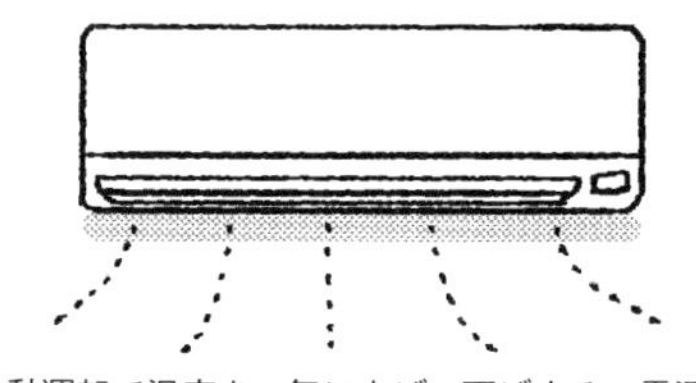

自動運転で温度を一気に上げ・下げする。電源を入・切しすぎない。
月に１度はフィルター掃除。効きがよくなる。

扇風機を上に向けて空気を循環させる。

カーテンを断熱タイプにするか、窓ガラスに断熱シートを貼る。
夏の暑さ、冬の寒さが厳しいときは、図書館などに出かけると快適に過ごせる。

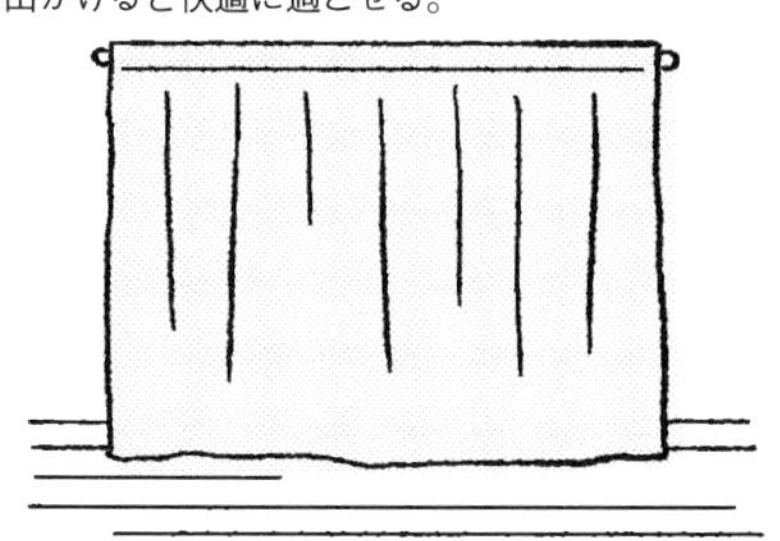

温度を上げます（夏は下げる）。設定温度を冬は20度、夏は28度にし、扇風機で部屋の空気を循環させます。

冷蔵庫の冷蔵室は詰め込みすぎない、冷凍庫はいっぱいでもＯＫです。冷蔵庫の設定温度を季節によって調整すると、電力消費を軽減できます。給湯器は、シャワーの出しっ放し、お風呂の追い焚きをできるだけ減らしましょう。

１枚のクレジットカードで家賃や光熱費を引き落とし、買い物の支払いでも使うと、かなりのポイントがたまります。学生もこの機会に、年会費無料でクレジットカードをつくりましょう。

また、コンビニを使わない、ペットボトルは買わず水筒にするなどを意識するだけで、かなり節約できるはずです。

スタート08

消耗品のかしこい買いかたと節約

コスパを優先し、定価で買わない

買いすぎ&使いかたも注意

意外に家計を圧迫するのが、ラップやティッシュ、洗剤、トイレットペーパーといった消耗品です。まずは、使い捨てしないアイテムに変えることが、節約への近道。汚れはティッシュではなくクロスで拭いたり、ラップの代わりにくり返し使えるシリコン製のフタを使うだけで、使い捨てが減ります。

また、消耗品はコスパを考えて購入すること。100円ショップは、コスパが悪い商品もあります。当たり外れもありますが、量が少なく質が悪ければ、スーパーやドラッグストアの商品のほうが、コスパがよくなります。100円以下で買える商品もあるので、買い物ついでに周辺の店の消耗品をチェックし、お得な店を選びましょう。

まとめ買いするなら、洗濯洗剤や台所洗剤、排水口ネットなどは消費サイクルが早

ティッシュやシートで拭く
→クロスで拭き、くり返し使う
→不要な服をカットして使う

ボディーソープ
→固形石鹸にする

く、多めにあっても困りません。実店舗やネットショップなどの特売日を利用しましょう。ネットショップは食品と一緒に買えば、送料無料の金額に達しやすくなります。ただ、スペースは限られているので、買いすぎは要注意です。

できるだけ、価格が安い詰め替え用や、その店のプライベートブランド（PB商品）を選ぶように。ただ、PB商品は、当たり外れもあります。メーカー名が表示されている商品を選び、心配なら口コミをチェックしましょう。

なかには、お店で見つけたトイレ掃除に便利な洗剤を使いたい、シャンプーはこだわりたいという人も。その分は別の消耗品を減らすなどして、自分なりに優先順位をつけ、予算内に収めます。

地区のルールを守る

ゴミの捨てかた

ゴミ出しのルールは、自治体によって異なります。ゴミ分別表は、住民票を移したら必ずもらえるので、目につく場所に貼っておきましょう。指定のゴミ袋を必ず使い、収集日の当日の朝に出しましょう。ゴミ出しのルールを破ると、強い苦情がくるなど、トラブルの原因になりがちです。

マンション内に24時間集積所があれば、いつでもゴミを出すことができて便利。ただ、回収業者は特定の日時にしかこないので、集積所の管理によっては、悪臭がすることも。生ゴミとなる野菜クズや果物の皮は、水にぬらさず直接ポリ袋に入れ、袋の口をしっかり閉じて捨てます。

また、割れた皿やガラスなどは、新聞紙などで包んで、燃えないゴミや埋めるゴミなど、指定されたゴミ袋に入れて出します。スプレーは危険ゴミ、電池や蛍光管は有害ゴミ、白熱電球は不燃ゴミなどと細かく分別します。ハンガーは、木製やプラスチック、金属など素材ごとに分別しなければいけません。わからない場合は、自治体のサイトで調べて正しく捨てることを心がけましょう。

Part4

家事の基本

料理
01

お得な店、時間、曜日を知る
食材はどこでどう買う？

工夫次第で大きく節約

食費の目安は、収入の15％前後。手取り18万円だと食費は2万7000〜3万6000円で、外食に月1万円遣うとしたら、残りは2万円前後。月4週なら1週間で約5000円ですが、弁当代や惣菜代も含むので、超えてしまうこともあります。

自炊は、やりくりしだい、買い物しだいで食費を節約できます。近所に業務用スーパーがあれば、ぜひ利用しましょう。料理の初心者も使いやすいカットずみの冷凍野菜や、レンチンだけで食べられるお惣菜も安く購入できます。お菓子や缶詰、調味料も豊富です。また、直売所もおすすめ。新鮮な野菜や果物を安く入手できます。

これらがなければ、近所のスーパーに行きましょう。店舗によって特売日や値下げする時間が異なります。意識してみると、何曜日が特売日で、何時から商品の値段を下げるかがわかってきます。時間帯や曜日を狙っていくのもひとつの方法です。複数のスーパーがあれば、A店は肉が安い、B店は野菜が安いといった特徴があるので、使い分けるといいでしょう。

お米やお水など重いものを買うときは、いつでも注文でき、自宅まで届けてくれるネットスーパーが便利。使えるネットスーパーが複数あれば、価格やサービスを比較できます。ネットスーパーだけのキャンペーンやセール、まとめ買い割引などもあるので、こまめにチェックするといいでしょう。ただし、送料無料になる合計金額は、2000円前後〜6000円前後とスーパーによってさまざま。なるべく、安い金額で無料になるところが使いやすいでしょう。

家事の落とし穴

無駄遣いしないスーパーの活用法

お腹が減った状態で食品の買い物に行くと、余計なものを買ってしまいがち。また、だれかと一緒に行くと、つられて買ってしまうこともあるので、ひとりで買い物に行くほうが節約できます。冷凍食品にも賞味期限があります。平均3～4カ月ですが、なかには1～2カ月という商品も。安くても買いすぎると破棄することになりかねません。また、冷凍庫に入る量も考えて購入しましょう。業務用スーパーは外国産の商品が多く、気になる人は買うものが限られることを知っておきましょう。

料理

02

キッチン小物は100均を活用

キッチン用品をそろえる

絶対使うものだけ用意

ひとり暮らしのキッチンは狭いので、まずは絶対に使うものだけそろえましょう。「いつか使うかも」というものは、最初は不要です。シンクや調理台の広さ、収納スペースを確認するのも忘れずに。

最近はＩＨが増えているため、熱源にも注意が必要です。アルミや銅、ガラス、土鍋などはＩＨに対応していません。

ここからは料理をする人向けです。調理の下準備「切る、皮をむく、混ぜる、すくう」といった工程で使う包丁、まな板、汁物をすくうおたま、材料を混ぜ合わせるボウル、水切り用のザルだけは必須アイテムです。ボウルとザルは、パスタやうどんの湯切りができるサイズにしましょう。キッチンバサミがあると、野菜や肉などをカットするとき使えて便利です。

「焼く、炒める、煮る、揚げる、茹でる」には、深型のフライパンがあれば十分。フタは早くお湯を沸かせるので、必要です。ひとり暮らしで使うサイズは、直径が20cmか24cm程度でいいでしょう。

カップラーメンや1人前の鍋料理、スープなどで使える片手鍋は、18cm程度の大きさが便利。フタはフライパンのもので代用できるので不要です。

意外に使わないのが、やかん（ケトル）です。より早く沸かせる電気ケトルを使う人が増えています。ミキサーやフードプロセッサーは、忙しくなるとたいてい使わなくなります。どうしても必要なら、ハンディタイプのブレンダーにしましょう。

家事の落とし穴

狭いシンク、少ない収納を考えて買う

いくら100円ショップで安いからといって、買いすぎるのはNG。使わずに捨てるのが、一番の無駄です。また、ひとり暮らしの狭いシンクに入る鍋やフライパンを選ばないと、洗えません。水切りカゴを置くと、調理スペースがなくなります。同様に、三角コーナーも不要です。ポリ袋などに直接、野菜くずを入れてすぐに捨てるようにします。ひとり分の茶碗と汁椀、麺や丼で使う鉢、平皿1枚があれば十分。主菜用の皿や小鉢なども、よほど必要になったときだけ買えばOKです。

100円ショップでそろうキッチン用品

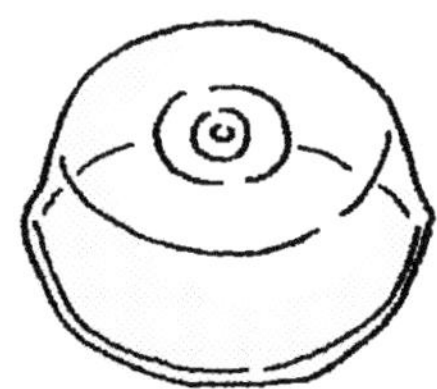

レンジ用のフタ
レンジ使用時のラップ代わりに。レンジを多用するなら経済的。

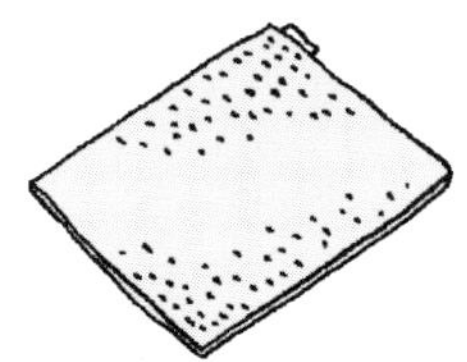

水切りマット
マイクロファイバーやシリコン製も。タオルで代用しても。

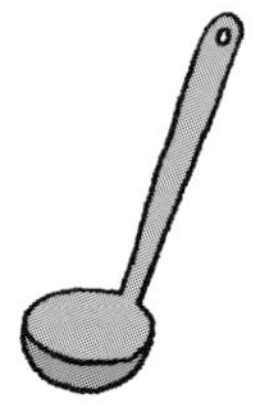

おたま（レードル）
汁物をすくうもの。持ち手が耐熱性のものを。

計量カップ
1カップ200mlの一般的なもので十分。

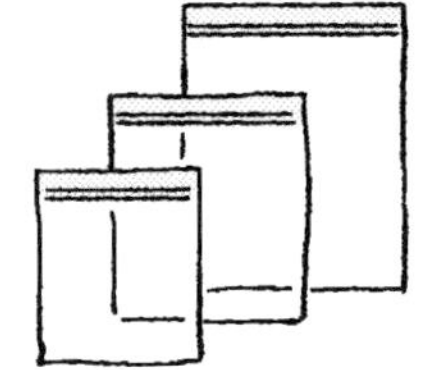

フリーザーバッグ
食材の冷凍の必需品。サイズはS・M・Lがある。

シャープナー
包丁の切れ味が悪くなったら、研ぐことができる。

ピーラー
野菜の皮むき器。シンプルな、手前に引いて使うタイプを。

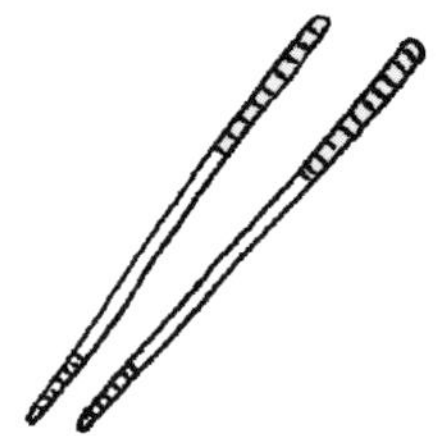

菜ばし
滑りにくい竹製で、揚げ物に使える30cmくらいがベスト。

洗剤・スポンジ
食器洗い用洗剤やスポンジ、漂白剤などがある。

キッチンばさみ
ステンレス製で。食材や袋を切るなどフル活用できる。

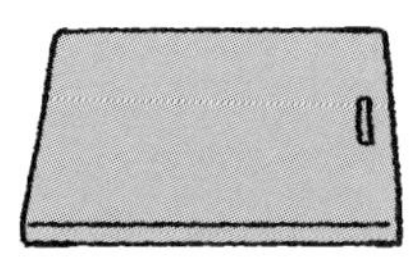

まな板
軽くて薄く乾きやすいプラスチック製がおすすめ。

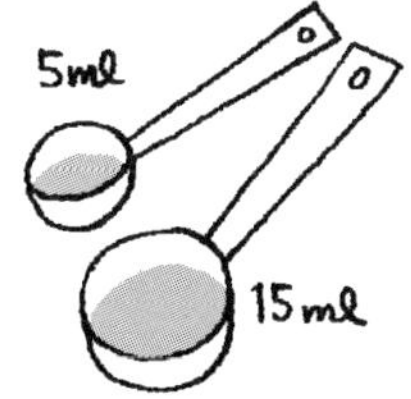

計量スプーン
大さじ（15ml）と小さじ（5ml）のものをそろえる。

缶切り
缶詰はプルトップばかりではない。缶詰をよく利用する人は必須。

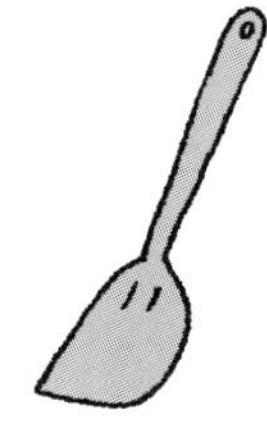

ヘラ
フライ返しで代用できるが、チャーハンなどはヘラのほうがつくりやすい。

フライ返し
フライパンを傷つけにくいフッ素樹脂加工がよい。

キッチンペーパー（タオル）
料理や掃除にも使える。タオルタイプは水に強い。多くストックするなら、スーパーやドラックストアのほうが格安な場合も。

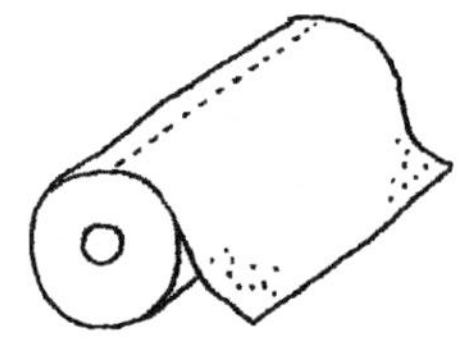

料理 03

賞味期限を考えて買う

ひとり暮らしの調味料

塩と砂糖以外は、少量ずつ

基本の調味料は、「さしすせそ」。これは、砂糖、塩、酢、しょうゆ、味噌のこと。あとは、サラダ油があれば、だいたいの料理はできちゃいます。煮物は「さしすせそ」の順に、必要な調味料を使うと味が染みやすくなることを知っておきましょう。

砂糖と塩は日持ちするので、スーパーで売っている通常のサイズで大丈夫。料理酒は、開封後の保存期間が半年から1年、みりんやサラダ油は1～3カ月ほどなので、小さいボトルで購入するといいでしょう。そのほかの調味料も、少量サイズにします。

料理の幅を広げてくれるのが、マヨネーズとケチャップです。かけるだけで、味を変えられます。ごま油を使うと、一気に中華風になります。あると便利なのが、スープの素になる、だしの素、中華だし（鶏ガラ）、コンソメなど。白だしは、煮物やお吸い物、うどんつゆなどに活用でき、だしを取らなくてていいので便利です。

また、ドレッシングやポン酢などは、賞味期限が短くて使い切れないので、買わないこと。基本の調味料があれば手づくりできます。ドレッシングは、油と酢、塩、コショウを混ぜればＯＫ。ここに、しょうゆとすりごまを入れると和風ドレッシングに。オーロラソースは、ケチャップとマヨネーズを混ぜれば完成。ポン酢はしょうゆと酢、あればレモン汁を混ぜるだけです。

焼肉のタレは、しょうゆ、味噌、酒、砂糖、おろしニンニク、豆板醤でつくれます。酢豚やバンバンジーなどをつくる各種の「料理の素」も、たいていは基本の調味料でつくれます。

家事の落とし穴

塩と砂糖が固まる原因と、対処法

塩や砂糖は、サッと使えるよう、調味料入れに入れます。移し変えるのは、短期間で使いきる量に。残った分は、袋をしっかり閉じて保存します。塩と砂糖は、油断すると固まります。塩が固まる原因は湿気。パスタや珪藻土などを一緒に入れて保管します。固まったら、耐熱皿に入れて600Wのレンジで2～3分加熱を。砂糖は乾燥して固まります。密閉できる容器に入れ、できれば冷蔵庫で保管。固まったら、水で濡らしたキッチンペーパーを挟んでフタをすると、サラサラに戻ります。

料理 04

自炊の基本

使い切る、食べ切る、捨てない

冷凍保存して楽に料理を

はじめての自炊は、食材を正しく切ることから。料理にあった切り方をすると、おいしく仕上がります。慣れるまでは、野菜を腐らせる、つくりすぎるケースが続出します。使い切る、食べ切るには、冷凍保存をフル活用しましょう。

1回に2~3人分つくって、残りは冷凍もしくは冷蔵保存すれば、料理の回数を減らせます。ご飯も多めに炊いて1食分ずつ冷凍すると、次はレンチンだけで食べられます。ほうれん草などの葉物野菜は、茹でて1食分ずつ冷凍を。使うときは、冷凍のまま炒めたり、煮たりします。肉類も1食分ずつラップして冷凍しましょう。

冷凍するなら「下味冷凍」がおすすめです。これは、カットして下味をつけた食材をフリーザーバッグに入れて冷凍する調理法です。豚の生姜焼きなら、カットした豚肉とタマネギ、調味料を入れて揉んでから冷凍を。大きめのバッグに3～4人分を平らにして冷凍すれば、必要な分だけポキッと折って取り出せます。冷蔵庫に移して解凍し、食べる前に炒めるだけで一食分になり、自炊が楽になります。

ジャガイモが入った料理は、食感が変わるので冷凍には不向きです。冷蔵して2～3日中には食します。毎日同じでは飽きるので、アレンジしましょう。肉じゃがは、ルーを入れてカレーに、卵で包んで肉じゃがオムレツに、耐熱皿に肉じゃがとご飯を入れてパン粉をかけ、トースターで焼くとスコップコロッケになるなど、少しの工夫で別のメニューにできます。つくり過ぎたら、少し手を加えて最後までおいしくいただきましょう。

家事の落とし穴

ストックに便利な食材

食材の保存に失敗すると、食費がかさむことになり、損をします。常温で長期保存できる食材をメインにストックしましょう。ジャガイモ、ニンジン、タマネギなどは風通しがよく、直射日光が当たらないところに保存。そうめんやパスタなどの乾麺や、ツナ缶、サバ缶といった缶詰、高野豆腐やひじき、切り干し大根といった乾物も長期間保存できます。乾物は、調理後は冷凍保存できるため、多めにつくっても大丈夫。なお、冷蔵庫内は2週に1回チェックして、不要なものを捨てましょう。

覚えておきたい6つの切り方

薄切り

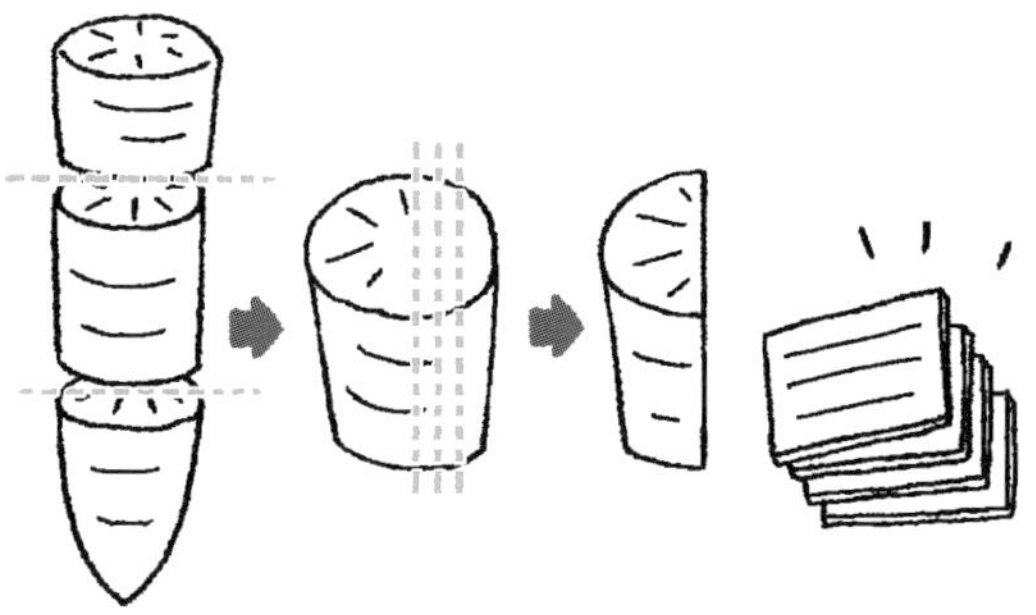

野菜を端から薄く切る。これが切りかたの基本。

せん切り

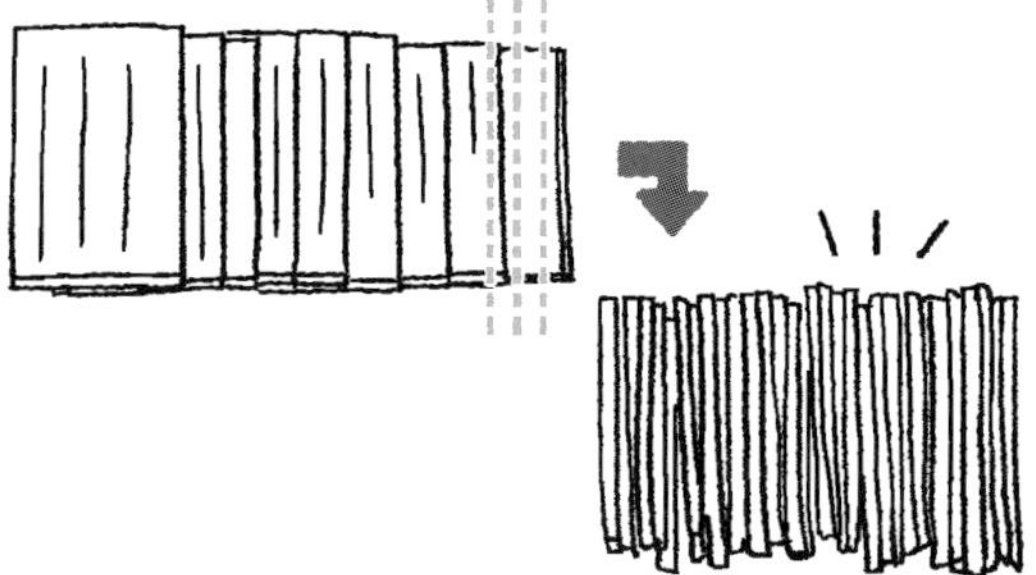

薄切りにした野菜を、少しずつずらして重ねる。端から細く切る。

みじん切り

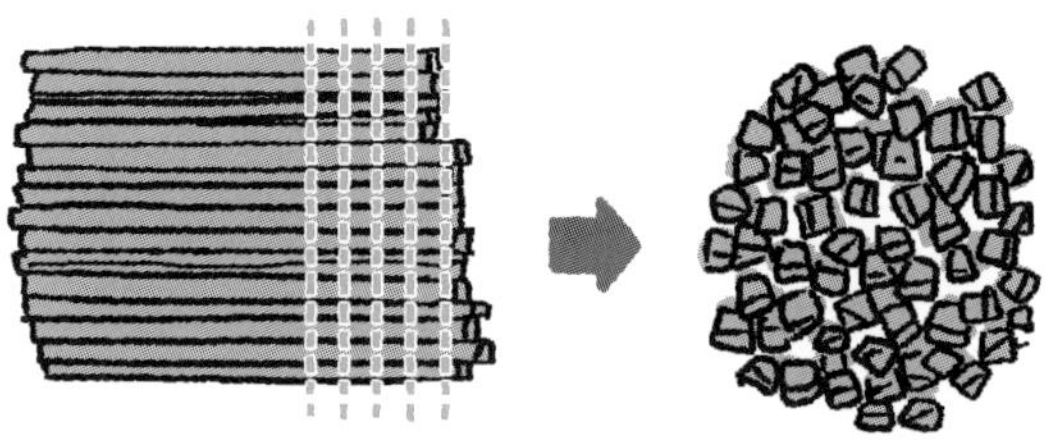

せん切りした野菜を、さらに端から細かく切る。

乱切り

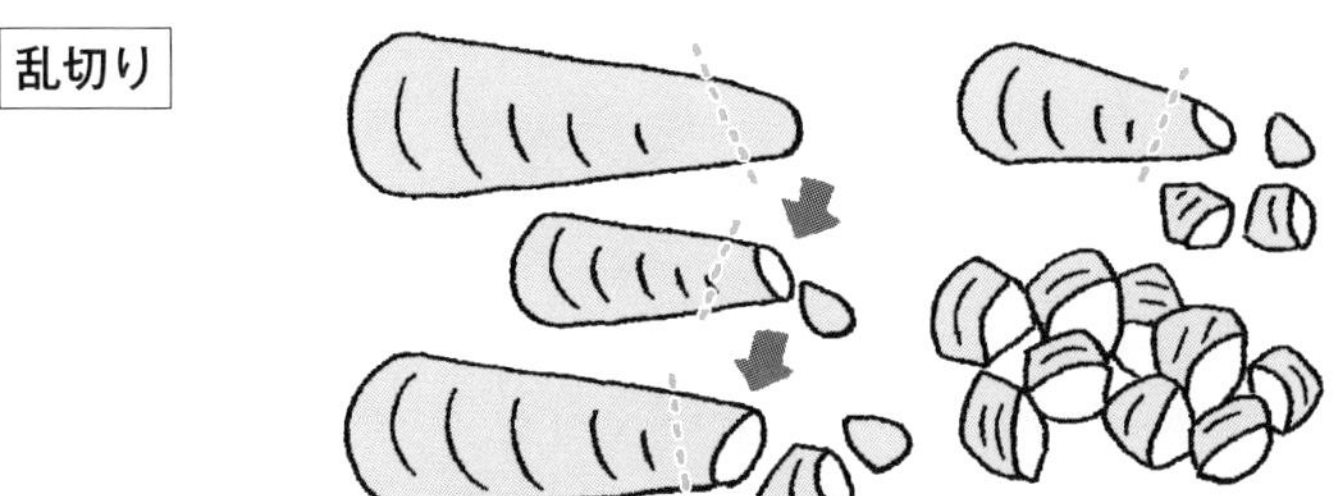

野菜に包丁を斜めに入れて切り、１回切るたびに野菜を回す。できるだけ同じ大きさに。

くし形切り

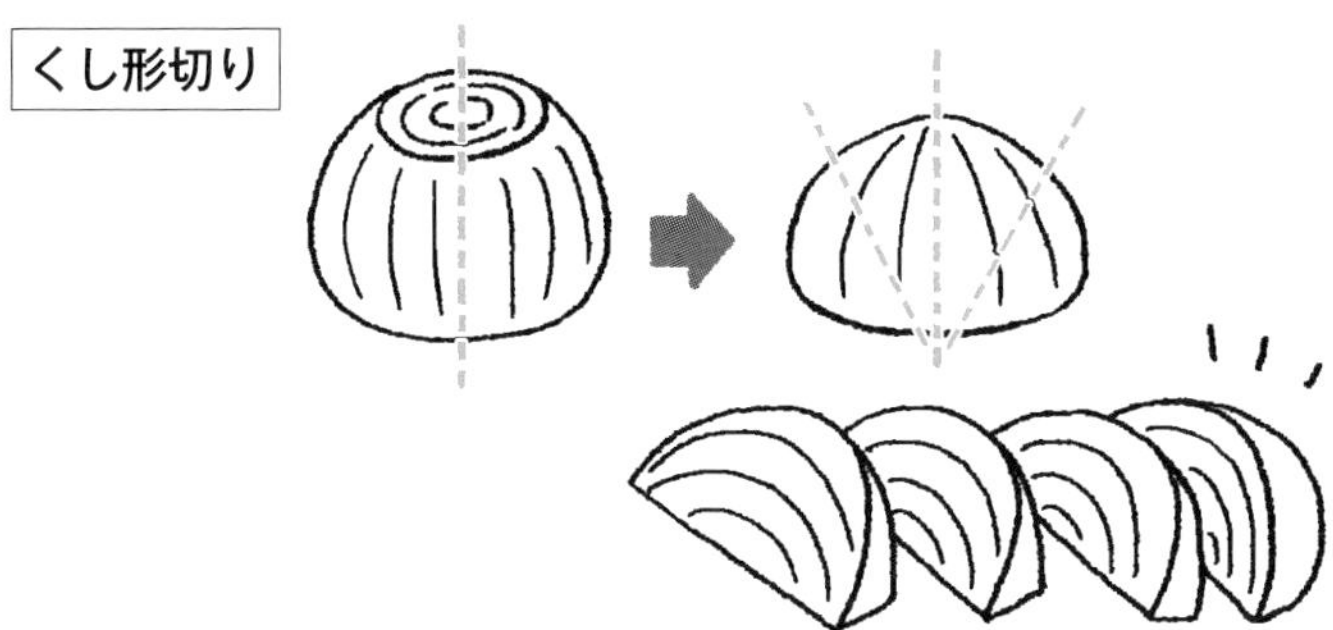

丸い野菜を放射状に切る。野菜を縦半分に切り、切り口を下にして中心に向かって斜めに等分に切る。

そぎ切り

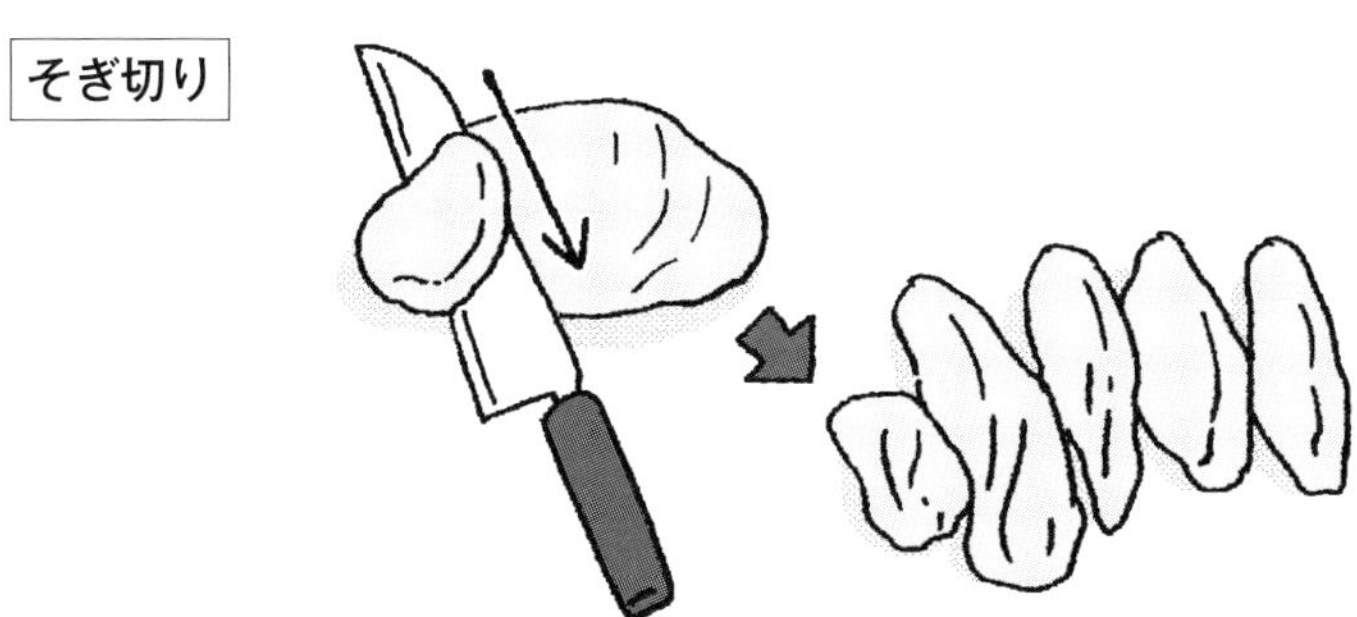

厚みのある肉や野菜の食材に、包丁を斜めに寝かして当て、手前に引いて削ぐように切る。

料理 05

日頃からコスパのよい食材を

お金がないときの食材と料理

モヤシと納豆は強い味方

主食でコスパがいいのは、やっぱりご飯。茶わん1杯150gくらいで、約32円です。女性の場合、米5kgで1~2カ月もちます。コスパがいい食材は、1袋20~40円のモヤシと、3パック100円前後の納豆、使い切りサイズの3パック100円弱の豆腐です。モヤシは日持ちしないので、買ってから1~2日で使い切ります。納豆は、それだけでおかずになり、冷凍保存できる優れもの。レンジで解凍する場合は、必ずタレを外し、500Wで30秒ほどチンします。豆腐はそのままでもよし、肉の代用としてハンバーグやナゲットにもなります。肉類では、鶏むね肉がダントツで安い食材です。

食材を傷めて捨てるのが、一番コスパが悪くなります。使い切れない野菜は、干し野菜に。薄切りにしてペーパーに並べ、天日干しで乾燥させます。

手軽にできる節約料理

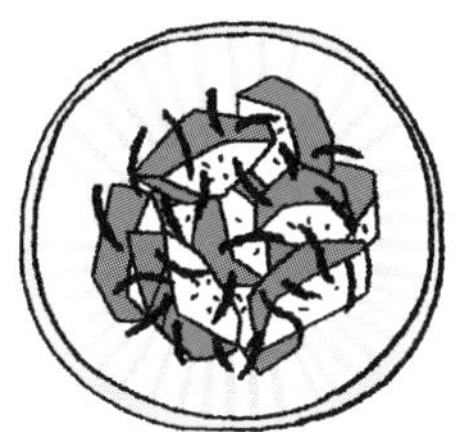

塩コンブの簡単おかず

塩コンブを切ったキュウリと混ぜるだけ。キャベツやピーマン、白菜に和えても。

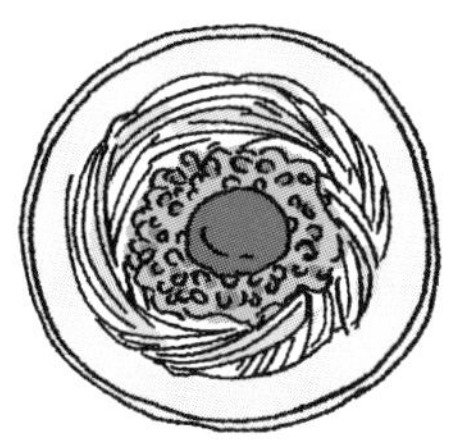

納豆パスタ

茹でたパスタにごま油と塩を混ぜる。その上に、混ぜた納豆と卵黄（温玉でも）をのせる。

豆腐ステーキ

水切りした豆腐の厚さを半分に切る。両面に小麦粉を薄くつけて、両面を焼く。しょうゆとみりんを入れて豆腐に絡ませる。

モヤシ炒め

塩コショウで炒める。そのままでもいいが、溶いた卵を入れたり、ツナを入れて炒めても。

鶏むね肉の照り焼き（下味冷凍）

フリーザーバックに、切った鶏むね肉としょうゆ、みりん、砂糖、片栗粉を入れて揉み、冷凍庫へ。冷蔵庫で自然解凍してフライパンで焼く。

エノキなめたけ

エノキを３等分に切り、酒とみりん、しょうゆ、砂糖で煮る。汁気が少なくなったら酢を少々入れる。なめたけ入り卵焼きも美味。

掃除

01

家中の掃除に使えるアイテムを

ひとり暮らしの掃除道具

最小限の道具と洗剤から

それぞれ専用の掃除道具をそろえると、数が増えてコストもかかります。掃除道具も、最初は最低限のものだけにし、必要なときに買い足しましょう。

基本のアイテムは、ハンディモップとフローリングワイパー。ハンディモップは棚やテーブル、冷蔵庫やTVなどについたホコリをサッと拭き取れ、フローリングワイパーは床だけでなく、天井や壁のホコリとり、浴室の水滴とりにも利用できます。マイクロファイバークロスは傷をつけにくく、窓ガラスや鏡の掃除に最適。古くなったタオルやTシャツを適当な大きさに切ればクロスの代用となり、使い終わったら捨てられます。

洗剤の代わりにクエン酸と重曹を使うと、家中のほとんどの汚れを落とせます。クエン酸は、水アカや石鹸カス汚れに強く、キッチンやトイレ、お風呂掃除に活用できます。

洗剤の代わりになるもの

重曹

重曹は、軽い油汚れや手アカ、食器の汚れに。鍋の焦げ付きも落とす。

お湯200ml と小さじ２で重曹スプレーに。キッチンで。

クエン酸

水アカや石鹸カス、アンモニア臭や魚の臭い落としにも。

クエン酸スプレーは、水200ml に小さじ１
トイレ、洗面、お風呂に。

セスキ炭酸ソーダ

重曹より汚れ落としの力が高い。油汚れ、皮脂汚れ、ホコリの汚れにも効果的。

500ml に小さじ１のセスキ炭酸ソーダでスプレーに。リビングに。

重曹は油汚れや手あかなどの皮脂汚れに強く、キッチンの必需品。油汚れが頑固なら、重曹よりもアルカリ性が強い、セスキ炭酸ソーダを使います。水に溶かしてスプレーボトルに入れておくと、サッと使えて便利です。

クエン酸はレモンや酢などの酸味のもとに、重曹は料理にも使える、肌や環境に優しい掃除アイテムです。多くは、１００円ショップで購入できるので、利用しましょう。

なお、カビは専用のカビ取り剤を使いましょう。アルコール（エタノール）スプレーを使うと、カビ予防ができます。揮発性が高く、水ですすぐ必要がないため、窓の木枠や靴箱など、洗剤を使えない箇所の掃除に便利です。

そろえておきたい掃除アイテム

フローリングワイパー

床だけでなく、天井や壁、お風呂の水滴取りや天井にも使える。

掃除機

掃除の必需品。使い勝手や収納を重視して選びたい。

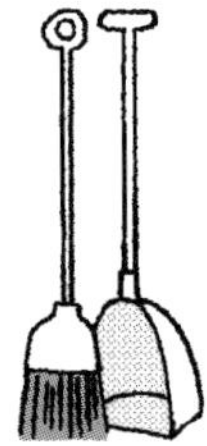

ホウキ&チリトリ

玄関やベランダ用に立って使えるサイズを。

ハンディモップ

ホコリを舞い上げずに家具家電をきれいにできる。モップは使い捨てが便利。

掃除用アルコール

手指消毒用ではなく、掃除用を選ぶこと。無水エタノールを精製水で80%に希釈してつくることも可能。

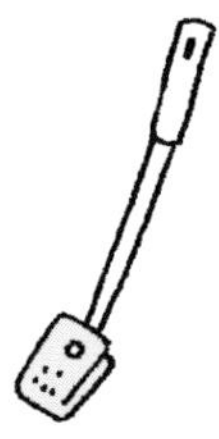

トイレブラシ

衛生面では、使い捨てのトイレブラシがおすすめ。通常のブラシなら、使ったら乾かして収納する。

シート式モップのシート
使い捨て部分のシートがある。アロマ付きなども。

マイクロファイバークロス
素材を傷つけずに拭き上げることができる。

お風呂掃除用スポンジ
手持ちの柄がついているものやお風呂のタオルバーで乾かせるものがある。

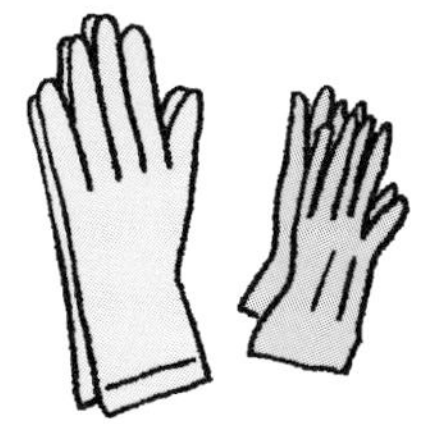

ゴム手袋
厚手の手袋や、薄い使い捨ての薄い手袋も。

トイレ用シート
タンクや床、便座をサッと拭いて流せるから便利。

ペーパータオル
洗面台の掃除や、料理、食器拭きなどに。使い捨てだから洗う手間がない。

スプレーボトル
クエン酸や重曹、セスキ炭酸ソーダスプレー用に用意する。

掃除
02

上から下へ、使ったら拭く
効率のよい掃除の基本

3分、5分掃除をクセに

効率よく掃除するコツは、余分なものを片付けてから、上から下へホコリを落とすこと。カーテンレールや照明をハンディーモップで拭き、最後に床を掃除します。トイレや浴室も共通です。掃除をするときは、窓を開けて換気するようにします。ただし、夜のうちにフローリングの床にホコリが落ちているので、朝起きたときにフローリングワイパーをサッとかけると、効果的にホコリを除去できます。

こまめに掃除することが大切ですが、堅苦しく考えると続かないことも。毎回しっかり掃除するのは大変なので、キッチンは3分、トイレは5分と掃除時間を決めてしまいましょう。そして、使い終わったらサッと掃除するクセをつけます。キッチンは食器洗いが終わったあとに、3分掃除するだけできれいな状態をキープできます。

洗う手間を省く
コンロの油汚れは、拭いて捨てられるペーパーや、布切れが便利。

洗面所
洗面ボウルと鏡をサッと拭き、床に落ちた髪はペーパーで取り除く。

シンクの水は、クロスやペーパータオルで拭きあげましょう。排水溝ネットなどの生ゴミはポリ袋に入れ、口を結んでゴミ箱へ。コンロなどの油汚れは、重曹をスプレーして拭けば完了です。もちろん、自炊したときだけで大丈夫です。

お風呂は温かいお湯が残っていれば、スポンジだけで湯あかは落とせます。壁やシャワーカーテンに熱めのシャワーをサーっとかけてカビや石鹸カスを落としてから、水をかけて温度を下げます。換気扇はつけっぱなしにしましょう。トイレは、クエン酸スプレーや掃除シートでタンク、便座、床を拭けばＯＫです。

あとで掃除が大変になるよりも、数分の掃除を重ねたほうがずっと楽です。時間も洗剤代も節約できます。

掃除

03

週1回15分の掃除ルーティン

掃除する場所と頻度

汚れ防止対策で掃除が楽に

どんなに掃除が面倒だと言っても、週1回ペースで15分程度の掃除は必要です。場所は、キッチン、浴室、トイレ、洗面、部屋の5カ所。自分のライフスタイルに合わせて掃除する日を決め、カレンダーに書いておきます。そのほか、月1回、3カ月に1回程度の掃除の予定も入れましょう。

週1回やりたいのは、キッチンのコンロ周りの油汚れ落としと、排水溝の掃除。浴室はカビが発生しないよう、洗剤で掃除します。トイレの便器内は、洗剤とブラシで掃除し、黒ずみができたら塩素系の洗剤を使います。男性も座って用をたすのが基本ですが、それでも便器と床の隙間は汚れ、臭いも出るので、必ず拭きましょう。

掃除を楽にするには、汚れの防止対策が大切です。換気扇カバー、キッチンの油はね

掃除のペースと掃除のしかた

●週１回

・キッチンの排水口……掃除用のスポンジで洗う。ヌメリ汚れには、重曹２：クエン酸１の粉末をふりかけ、水をかけると発泡する。数分放置したあと、洗い流す。
・コンロの五徳……五徳と受け皿を食器用洗剤とスポンジで洗う。
・コンロ周り……壁や床を重曹スプレーをして、スポンジでこすって拭く。
・電子レンジ……重曹水（水200ml＋重曹大さじ１）を600wで５分温めて30分放置し、庫内を拭く。
・トイレの便器……トイレ用洗剤などをかけてブラシで磨く。
・浴室……壁、浴槽、床を磨き、ボトル類のヌメリ、排水溝を掃除する。カビを見つけたらカビ取り剤を使う。
・洗面台……鏡、洗面ボウル、蛇口をクエン酸スプレーで磨く。排水溝も掃除。
・居室……ハンディモップとフローリングワイパーで。週１回は掃除機を。

●２週間に１回

・エアコンのフィルター……取り外してホコリを掃除機で吸って、水洗い。内部は１～２年に１回。

●月１回

・キッチンの換気扇……カバーを外し、中も汚れていたら食器用洗剤とスポンジで洗う。
・玄関……掃き掃除は週１回。全体の整理や拭き掃除は月１回。

を予防するコンロカバーなどを使えば、取り替えるだけですみます。

マンションで気をつけたいのが、カビ対策。発生しやすいのは、浴室、洗面所、室内干しする部屋、クローゼットです。部屋にいるときはつねに換気を意識して、浴室やキッチンの換気扇はできるだけつけっぱなしにしましょう。

週1回はベッドマットをあげて風を通し、布団も天日干しします。外に出せない場合は、イスにかけて干してもOK。クローゼットの扉は締め切らずに風通しよくします。

あまり使わないカバンなどはカビのもとになるので、ときどき外に出すか、思い切って処分しましょう。結露ができやすい冬は、窓に吸水シートを貼ります。

掃除

04

ニオイの原因の解決が先決

部屋のニオイ対策

重曹や炭が消臭剤に

限られた空間は、ニオイがこもりがちです。2カ所以上の窓を開けて、換気をするのがいちばん。2カ所なければ、換気扇を回して1カ所の窓を開けます。急いでニオイを消したいときは、濡れたタオルを振りまわすと、タオルがニオイを吸着します。

玄関のニオイの原因は靴についた汗。靴を使ったら、しばらく乾かしてから収納。靴箱にカビが発生していないかチェックし、靴は週末にベランダで干します。キッチンのニオイの原因は食べかす、排水溝のゴミや汚れ、換気扇やコンロの油汚れです。トイレやお風呂は、アンモニアや水アカ、石鹸カス、皮脂などの汚れとヘドロ、カビが原因。掃除をし、クエン酸スプレーを吹き付けましょう。ニオイの原因を中和し、雑菌の増殖をおさえる作用があるといわれています。

リビングや居室のニオイは、ソファやカーペットなど布についた、汗や皮脂の汚れです。重曹をふりかけて2〜3時間放置したあと、掃除機で吸い取ります。重曹は粉のまま小瓶に入れて玄関やトイレにおくと、消臭剤代わりに使えます。

竹炭や備長炭もおすすめ。炭にある無数の穴がニオイを吸着し、洗って天日干しすれば、くり返し使えます。靴箱やトイレ、クローゼットに入れましょう。

ほかに、コーヒー豆のカスを乾燥させたり、お茶の葉をフライパンで炒たりすると、消臭剤になります。小瓶に入れるなどしてキッチンに置きましょう。レモンやミカンなど、柑橘類の皮をレンジで3〜5分加熱して乾燥させ、ネットなどに入れても消臭剤として使えます。

家事の落とし穴

消臭剤と芳香剤の違いと、効果的な使いかた

消臭剤は、ニオイの元となっている成分を中和させ、悪臭を感じなくさせるもの。ニオイの成分に化学反応させるタイプが多いので、トイレ用や玄関用など使う場所が分かれています。芳香剤は、よい香りを放出するもので、消臭効果はありません。両方を同時に置いても大丈夫。消臭剤は、決まった成分に反応するので、芳香剤の香りを消すことはありません。ニオイの成分は空気より重いため、消臭剤は床などの低い位置に、芳香剤は棚の上など高いところに置くと効果的です。

掃除05

ひどい汚れや傷などの対策

フローリングの傷も修復可能

掃除のワザも知っておく

退去時に余計な修繕費が発生しないよう、できる限りの対策をしましょう。気をつけていても、カビは発生してしまうもの。フローリングやクローゼットなどの木材には、カビ取り剤は使えないので、スポンジなどにエタノールをつけてカビを拭きます。変色しないか管理会社に聞き、目立たないところで試してからにします。

物を落とすなどして、フローリングに傷をつけたら、ホームセンターで補修キットを入手します。塗るだけで目立たなくなるペンシルやクレヨンも便利。傷が深いときは、補修材を熱で溶かして傷を埋める方法があります。大きい傷なら、フローリング用の傷かくしテープを貼りましょう。

壁のネジ穴をふさぐときは、穴に木工用ボンドを塗り、爪楊枝でティッシュを詰めます。凹凸のあるクロスなら目立ちません。

シールのフックが取れなくなったら、酢を染み込ませた綿やペーパーでフックを覆い、しばらくしてドライバーを差し込むと、ポロリと取れます。

カーペットに調味料や飲み物をこぼしたら、こすって拭かないこと。叩いて汚れをペーパーなどに移します。そのあと、台所用の中性洗剤を染み込ませた雑巾で叩いて取り除きます。ガムがついたら、氷でガムを冷やし固めます。ヘラなどではがし、残りはベンジンというシミ抜き材を使って叩いておとします。

ベランダの鳥のフンをホウキで掃くと、菌を舞い上げることに。フンが乾燥していたら、少量の水をかけて柔らかくしてから、ペーパーで取ります。

家事の落とし穴

カビ掃除は、間違えるとカビの胞子を広げる

室内でカビを見つけたら、ブラシなどでこすったり、掃除機で吸わないようにします。直接、カビにスプレーするのもNG。カビの胞子を、空中に撒き散らすことになるからです。また、壁紙には塩素系漂白剤は使えません。ペーパーなどにアルコールをつけて拭き、換気します。カビ掃除の鉄則は、カビを完全に除去させ、しっかり乾燥し、除菌することです。盲点となるのが、洗濯機。見えない部分にカビが発生しています。月1回程度は、洗濯槽クリーナーなどでカビを除去します。

洗濯

01

洗濯表示を見て、色分けして洗濯

洗濯機の使いかた

週に2～3回は洗濯する

なんでも洗濯機に入れればいい、というものではありません。白い服にほかの服の色が移ったり、服が型崩れすることも。洗濯機を回す前に準備が必要です。まずは、服についている洗濯表示をチェックします。洗濯機マークがついていればＯＫ。家庭での洗濯禁止や、手洗い表示もあります。手洗い・ドライ表示の服は、おしゃれ着洗い用の洗剤を使い、手洗い・ドライコースで洗いましょう。

次に分けるのは、白ものと色もの、汚れがひどいものとおしゃれ着です。とくにはじめて洗うものやジーンズ、綿素材のものは色落ちしやすいので、分けて洗ったほうが安心です。洗剤を溶かしたぬるま湯に1時間ほどつけておき、白い布で押さえて色移りするか確認します。色落ちするなら、ほかの衣類と一緒に洗わないようにしましょう。

ひどい汚れは、あらかじめ液体洗剤を塗っておくと、落ちやすくなります。服が傷まないよう裏返しにして、洗濯ネットに入れて洗濯しましょう。

ふんわり仕上げるには柔軟剤を、Yシャツやデニムをパリッとさせたいなら洗濯のりを使うとよいでしょう。両方を同時に使うこともできます。

ひとり暮らしで洗濯する頻度は、週に2～3回ほどが多いようです。しょうゆなどの汚れがついたら、服に染みがつくのですぐに手洗いします。

また、汚れたものを放置すると雑菌が繁殖することも。洗濯機は菌が繁殖しやすいので、脱いだものを入れないこと。濡れたもの、汚れたものは、ほかの服と別にしておきましょう。

おもな洗濯表示

洗濯のしかた	（40）	（40・弱）	（手洗い）	（×）
	液温は40℃を限度とし、洗濯機で洗濯できる。	液温は40℃を限度とし、洗濯機で弱い洗濯ができる。	液温は40℃を限度とし、手洗いができる。	家庭での洗濯禁止。
漂白のしかた	（△）		（斜線入り△）	
	塩素系および酸素系の漂白剤を使用して漂白できる。		酸素系漂白剤の使用はできるが、塩素系漂白剤は使用禁止。	
自然乾燥	（□）	（斜線入り□）	（□）	
	つり干しがよい。	日陰のつり干しがよい。	平干しがよい。	

洗濯

02

シワを伸ばしてから干す

干しかたと、たたみかた

引き出しに立てて収納

洗濯が終わったら、すぐに干すようにしましょう。時間をおくと、雑菌が増えてニオイのもとになります。干すときは、シャツなどの肩部分を手に持ち、大きくパンパンと振ると、シワが伸び、空気を含んで乾きやすくなります。干したら布を引っ張って形を整えます。ポケットがある服は、裏返して干しましょう。袖や裾が伸びやすいニットなどは、形を整えて平干しするネットに乗せて干します。

シワになりやすいシャツやブラウスは、干す前に軽くアイロンをかけると、ピシッと仕上がります。乾いたら、ハンガーにかけたままクローゼットへ収納でOKです。

服をたたむときは、できるだけ同じ大きさにすること。引き出しに立てて並べると服を選びやすく、出し入れしやすいのでグチャグチャになりにくくなります。

干すコツ

乾きが早くなるよう、アーチ状に洗濯物を干す。
ニットなどは、平干し用のネットを使って。100均で買える。

Yシャツのたたみ方

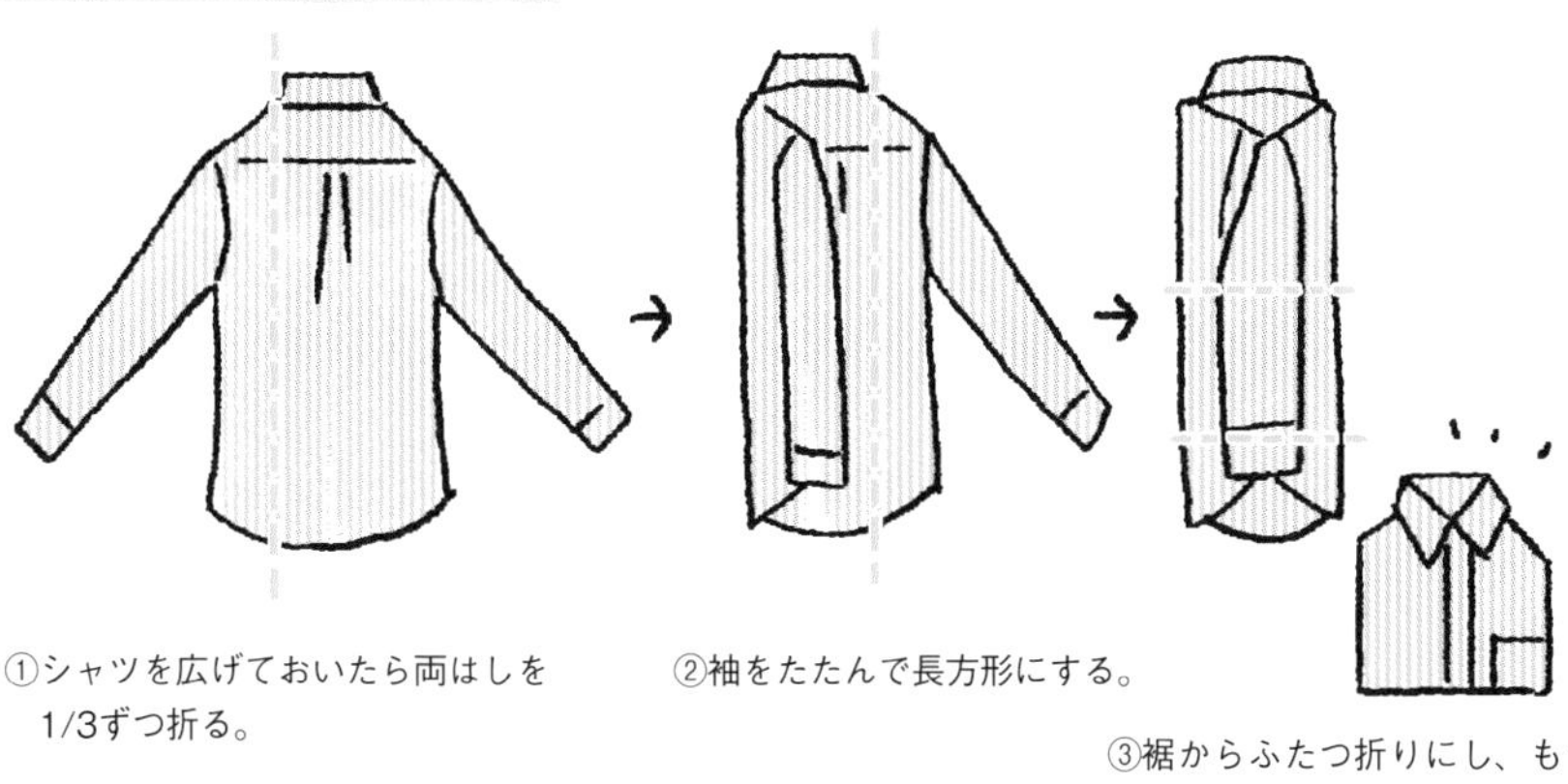

①シャツを広げておいたら両はしを1/3ずつ折る。
②袖をたたんで長方形にする。
③裾からふたつ折りにし、もう一度折って4つ折りにする。

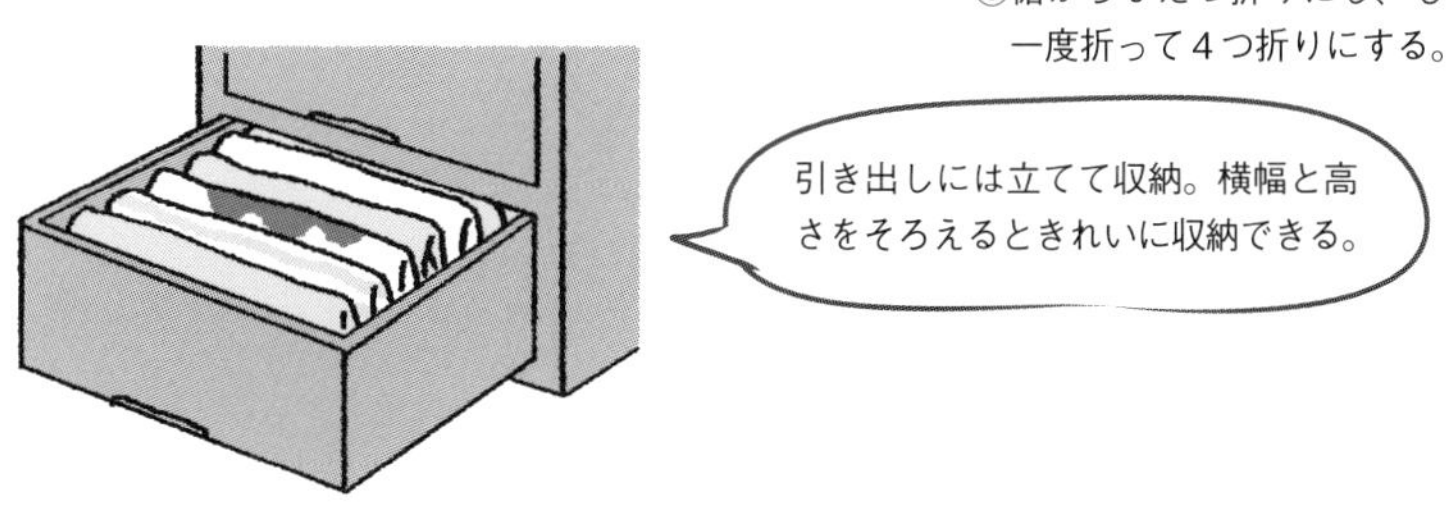

引き出しには立てて収納。横幅と高さをそろえるときれいに収納できる。

洗濯
03

専用スプレーを使うと簡単

アイロンの使いかた

3つの用途を使いこなす

シャツやブラウスなど、シワを伸ばしたい服にはアイロンをかけます。服についている表示をチェックして、アイロンがかけられるか、当て布が必要かなどを確認します。アイロンとアイロン台、必要なら当て布用の薄手の綿やハンカチを用意します。

アイロン用のスプレーのりを用意するとピシッと仕上がり、袖や襟の汚れを防止するコーティングの役割も果たします。ブラウスには、ふんわり仕上げるタイプのスプレーがおすすめ。床にのり剤をつけないよう、ベランダでハンガーにかけたまま、襟や袖口、肩に1〜2回スプレーします。その後、アイロン台に広げましょう。

アイロンの使いかたは、シワ伸ばしのために「すべらせる」、折り目をつけるために「押さえる」、風合いを出すために「浮かしてスチームを当てる」の3つです。

シャツやブラウスのアイロンのかけかた

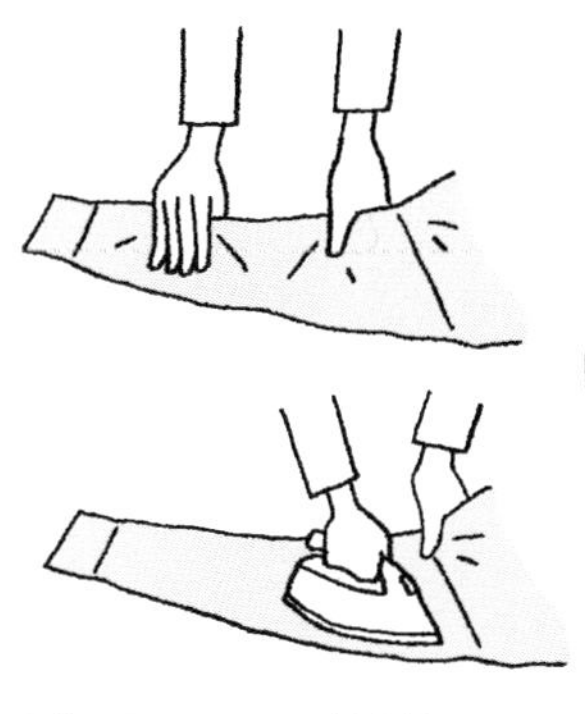

❶縫い目にあわせて袖を整え、肩は縫い目に沿ってすべらせる。袖口も伸ばす。

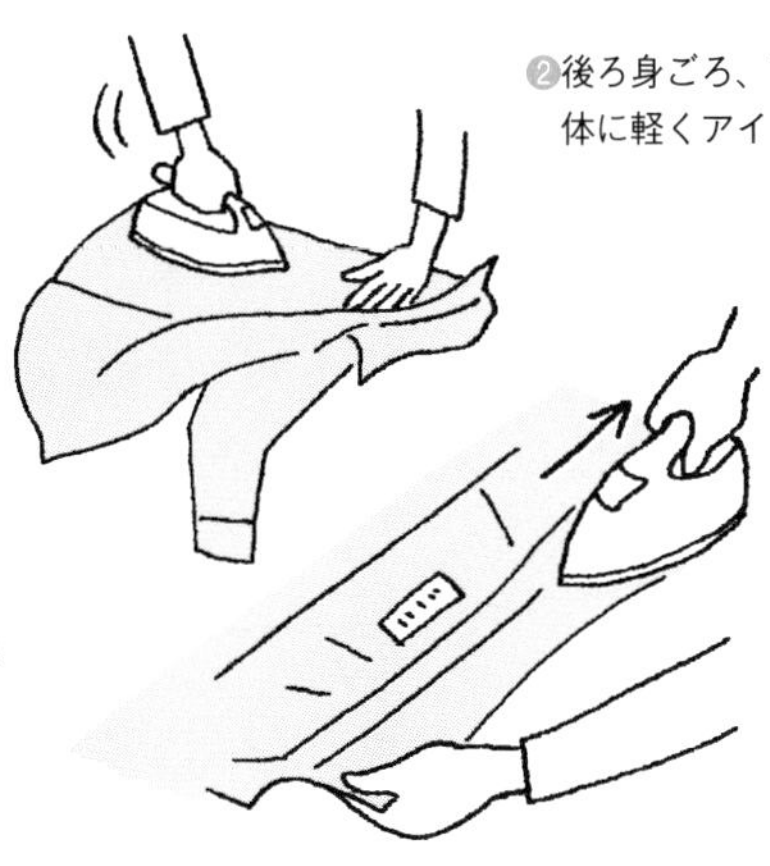

❷後ろ身ごろ、前身ごろの順に、全体に軽くアイロンをすべらせる。

❸襟は、手で押さえているところからアイロンを引くようにすべらせると、きれいに仕上がる。

シャツやブラウスは、肩、袖といった細かい部分をかけ、次に身ごろをかけましょう。服の端を片手で押さえて、アイロンを軽くすべらせます。ボタン回りは、アイロンの先端を使います。

パンツなどに折り目をつけたいときは、アイロン台に形を整えてパンツを置き、折り目をつけたいところにアイロンを押し当てます。

ニットやジャケットなど、風合いを出したい服は、アイロンを浮かせながらスチームをかけます。アイロン後に手でシワを伸ばしましょう。

また、服の熱や湿気が抜けるまでは干して乾燥を。スチームアイロンの水は水アカ、目詰まりの原因になるので、必ず抜いて乾燥させましょう。

洗濯

04

携帯用ソーイングセットを準備

ちょっとした裁縫のコツ

ボタンつけと裾上げはできるように

生活していると、服のボタンが取れたり、パンツやスカートの裾がほつれることもあります。クリーニング店などで修理を頼めますが、もちろん有料です。簡単なものなら自分で直せるよう、携帯用のソーイングセットを用意しましょう。

携帯用は、100円ショップでも買えます。縫い針が数本と糸通し、白や黒の少量の縫い糸、糸切りバサミ、安全ピン、ボタン、スナップボタンなどがセットになっています。商品によって、針刺し（ピンクッション）、まち針、メジャーが入っていることも。安全ピンは、ボタンが取れたときの仮止めや、ゴム通しなどに使えます。

できれば、自宅には普通サイズの糸切りバサミ、白と黒の糸があると便利。靴下や普段着にあいた穴、ほつれを直すときなどに使えます。

ボタンつけ

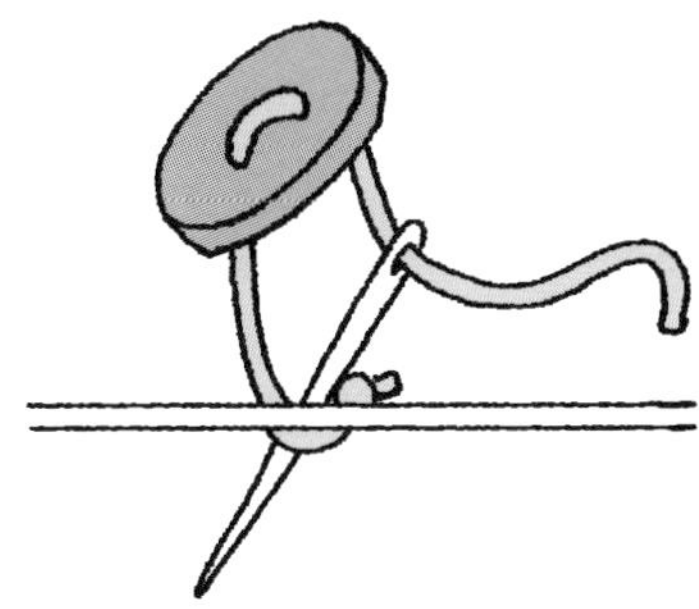

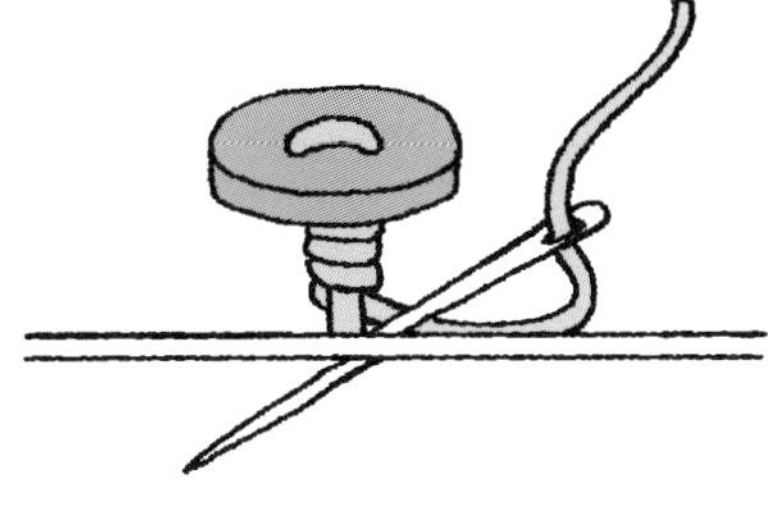

❶ボタンをつける位置に針を刺し、ボタンと布に2～3回糸を通す。ボタンと布には3mmほどのゆるみをもたせる。

❷ゆるみの部分に糸を数回巻きつけ、巻き終わりに針を通してギュッと引き締める。布に2～3回糸を通して玉止めする。

裾直し（まつり縫い）

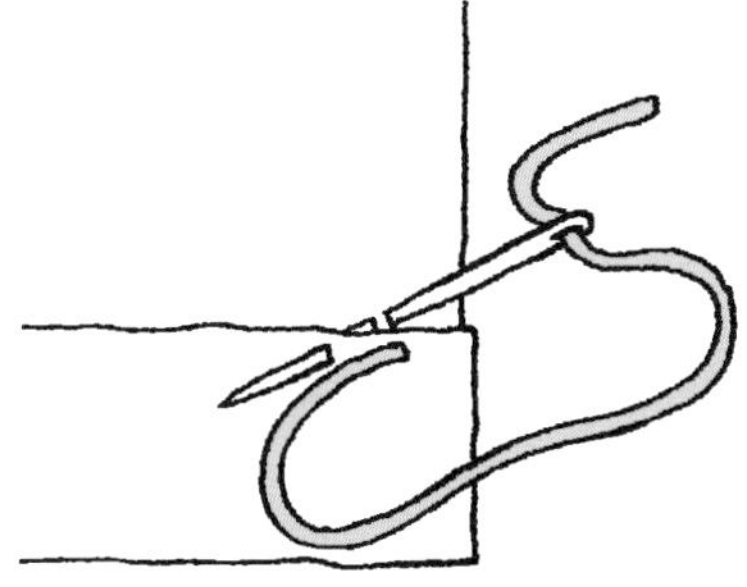

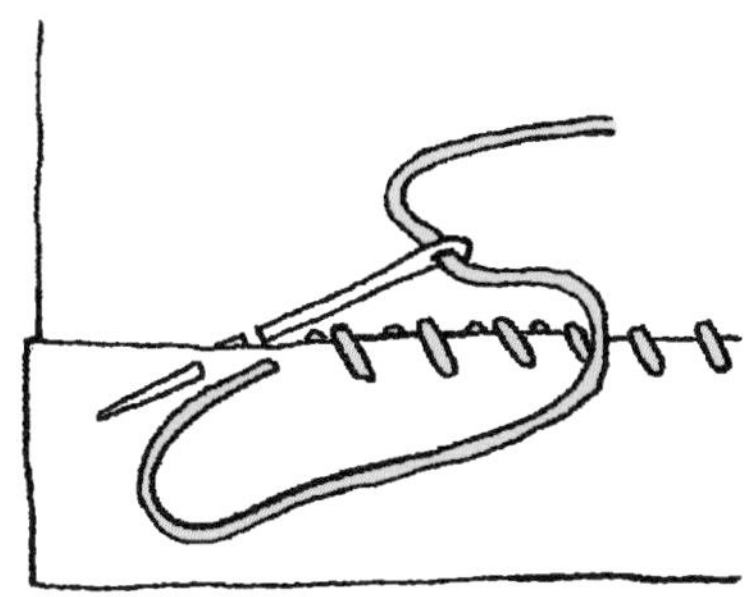

❶ほつれてない部分から縫い始める。縫いしろの布から手前に糸を通す。表の布を1mmほど（生地の糸1～2本）すくう。

❷縫いしろに針を入れ、手前に糸を通す。表布を1mmすくう、縫いしろを通す、の作業をくり返し、玉止めする。表の縫い目は目立たないように。

収納

01

突っ張り棒やボックスをフル活用

クローゼットの使いかた

アイデアしだいで収納アップ

限られた収納スペースのクローゼットを、最大限に活用しましょう。クローゼットに入らなくなったら売るか処分することが、生活スペースをキープする基本です。

まずは、「指定席」を決めます。肩から腰までの高さによく使うものを置き、軽いものは高い位置に、重いものは腰より下に収納します。ハンガーバーには、シャツやジャケットなど丈の短いもの、コートなど丈の長いものに分けてかけると、丈の短い服の下に、収納スペースができます。必要な高さや奥行き、幅を測って引き出しやボックスを選びましょう。ボックスなどの上をバッグ置き場にしたり、カゴを設置すると、よく着る服やショールなどをパッと入れることができて便利です。

バッグ類や小物は、吊り下げて使うラックにかけます。突っ張り棒を取り付けてS字フックをかけると、ショールやベルト、ネックレスなどを収納できます。小さなカゴを付けたワイヤーネットを壁にかければ、小物入れができます。

棚の上に置く収納ボックスは、取っ手付きのものを選ぶと、高い位置でも取り出しやすいのでおすすめ。オフシーズンの服や毛布などを収納しましょう。

ちなみに、クリーニングに出した服にかかっているビニールやハンガーは取り外します。長期保管用ではないため、カビや変色の原因になります。大切な服には、UV加工された不織布のカバーをかけ、型崩れしにくいハンガーにかけ直しましょう。

収納

02

出しっぱなしでも片づく

ちょっとしたものを隠すワザ

ボックスや布で隠す収納を

自分の好みの空間にしようとしても、いつの間にかものが増えて、散らかってしまいがち。ものの置き場所を決め、使ったらもとの場所に戻すのが鉄則です。

とはいえ、すぐ使うものを片づけるのは面倒なので「出しっ放し収納」にしましょう。リモコンやスマホの充電器などを無意識で置いてしまう場所にカゴを置いて、そのまま収納場所にします。すぐ着る服を入れるカゴ、爪切りや耳かきなどを入れるカゴなどは、使ったあとつい置いてしまう場所に設置すれば、なくなりません。

部屋やクローゼット、棚にも、なんでも入れる「とりあえずボックス」をつくると便利です。目隠しできるフタ付きがおすすめ。カゴやボックスがいっぱいになったら、ものが増えすぎた証拠なので、売るか処分します。

スッキリ見える収納のコツ

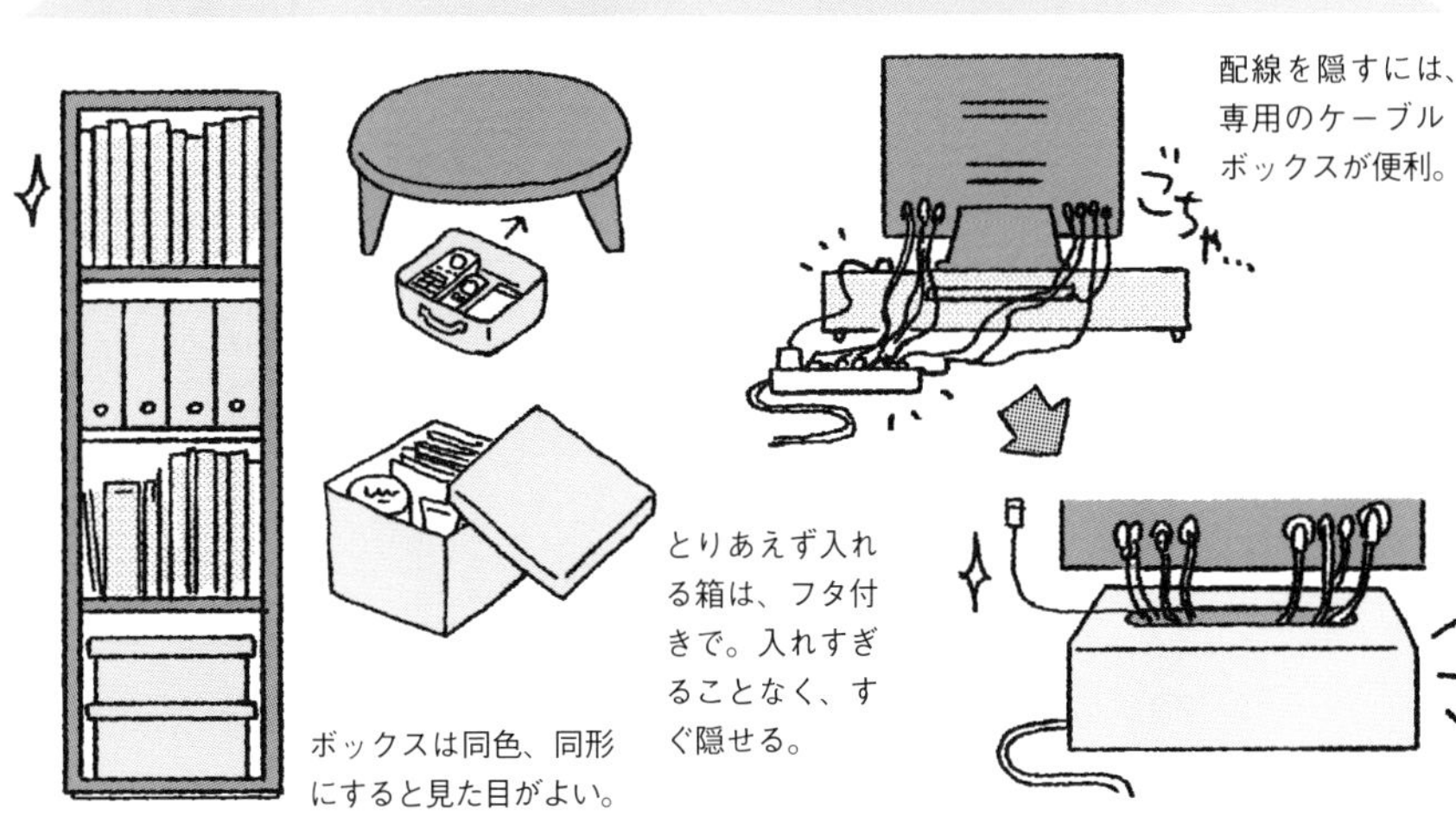

また、同じ色・形で統一した、中身が見えないボックスを棚に置くと、ごちゃごちゃしません。中身がわかるようラベリングすれば、探す手間が省けます。

ハンガーラックを使う場合は、洋服をホコリや日光から守るためにカバーやカーテンをつけましょう。

もし、室内にいくつか布を使う場所があるなら、布を統一すると落ち着いた空間になります。

また、電化製品のコードや延長ケーブル、電源タップを収納するケーブルボックスを使うと、見た目がスッキリします。

シューズボックスに靴が入らなくなったら、玄関の天井近くに突っ張り棒を2～3本つけて棚代わりに。その上に、靴を入れたボックスを置きましょう。

収納

03

ベッド下や圧縮袋を活用して収納

あまり使わない衣類の保管法

置き場にもお金がかかる

オフシーズンのアイテムや、めったに使わない衣類は、クローゼットの上の段か、ベッドの下に収納しましょう。ベッド下の収納スペースは奥まで使える収納ボックスを選びます。冬物のダウンジャケットやセーターはクリーニング後に圧縮袋へ。ケースにしまうなら、乾燥剤や防虫剤を入れましょう。

収納場所に困ったら、ベランダに置けるコンテナボックスを考えてもいいかもしれません。丈夫なので、ちょっとした腰掛けとしても使えます。

収納したものは、しばらくするとどこに何があるのかわからなくなることがあります。ボックスの中身はスマホのカメラで撮影しておくと便利です。なお、長く収納していた服を着る前には、1日干すなどしてニオイを取りましょう。

長期収納で使えるアイテム

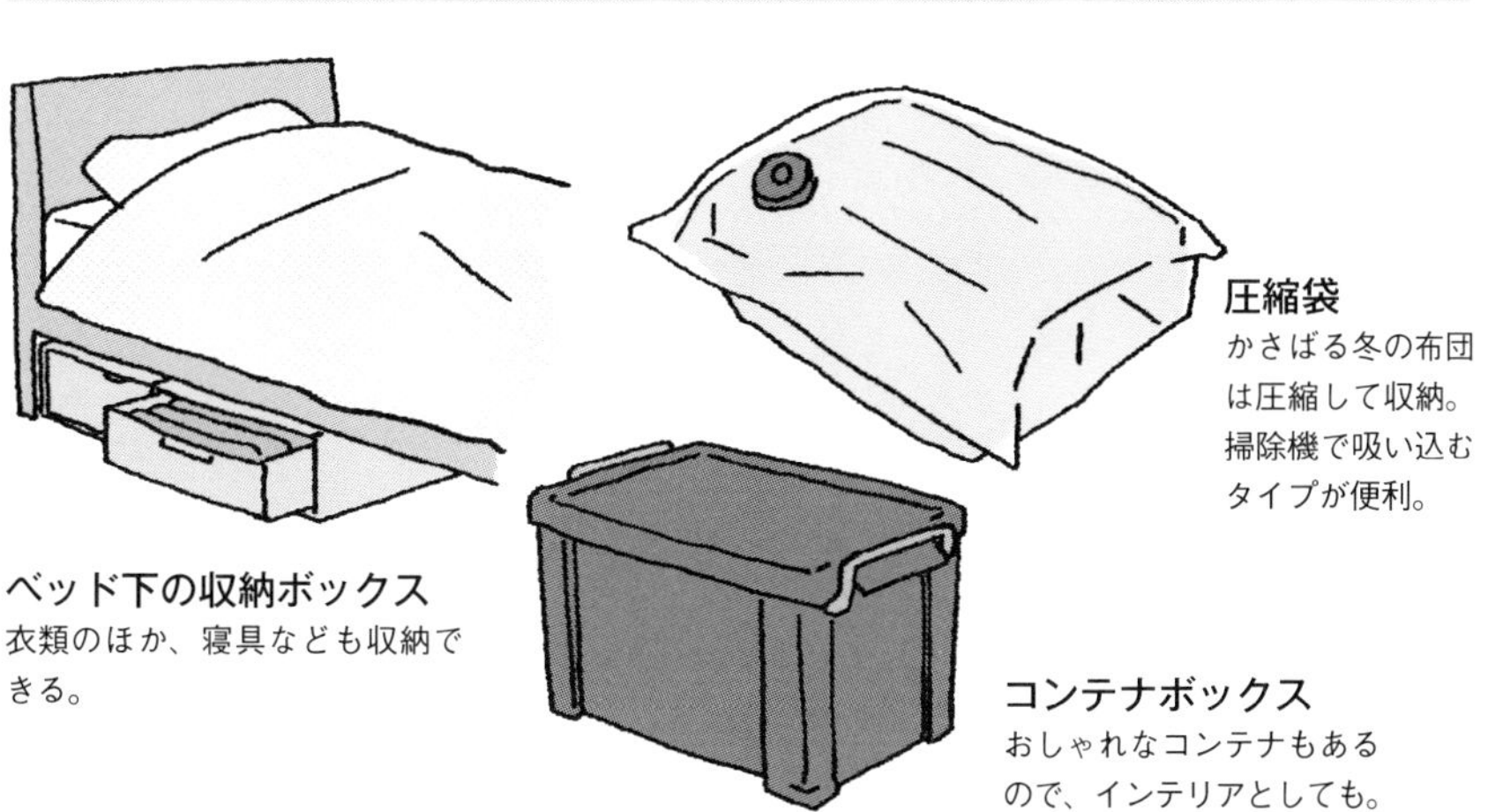

圧縮袋
かさばる冬の布団は圧縮して収納。掃除機で吸い込むタイプが便利。

ベッド下の収納ボックス
衣類のほか、寝具なども収納できる。

コンテナボックス
おしゃれなコンテナもあるので、インテリアとしても。

また、クリーニング店では、宅配クリーニングの利用で数カ月間保管してくれるサービスがあります。春になるころに冬物のダウンなどを預けて、秋に受けとると、冬物は収納しなくてすみます。宅配なので、重い荷物を持ち運ぶ必要もありません。

収納テクニックも重要ですが、まず心がけておきたいのは、ものを増やさないことです。置き場所にも、家賃がかかっています。自分の部屋の収納力に見合った荷物の量にすることが、快適な生活につながります。

なお、収納できないからといって、実家に荷物を送るのはNG。1年以上着ていないなら、ネットやリサイクルショップで売るか、思い切って処分しましょう。

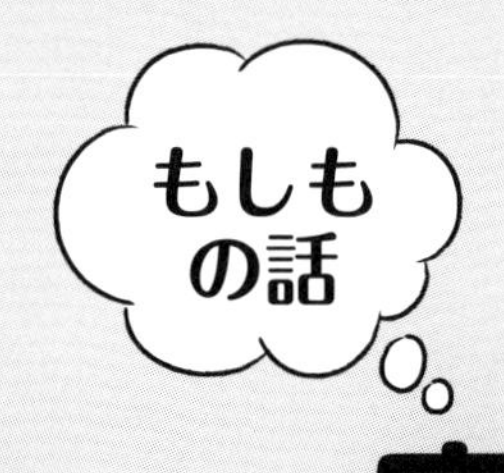

室内設備が壊れたら？

Q 電気がつかない？

A 急に電気が消えたなら、ブレーカーが落ちたかも。使っていた電化製品の電源をオフにして、玄関にあるブレーカーを上げます。ただし、濡れた手で触らないこと。頻繁にブレーカーが落ちるなら、電力会社に契約アンペアを上げてもらいましょう。

部屋の照明が消えたら、蛍光灯や電球切れです。蛍光灯・電球はサイズがあるので、印字されている部分を写真で撮り、家電店などで同じサイズの蛍光灯・電球を購入します。せっかくなので、LEDか省エネタイプを選んで節電を。取り替えは、ランプソケットから蛍光灯を外し、金具で引っ掛けているランプホルダーがあれば外します。ランプソケットから蛍光灯を引っ掛けて、ランプソケットに差し込めば完了です。高い位置の作業になるので、脚立があると安全に交換できます。

Q トイレが詰まったら？

A トイレの詰まりのおもな原因は、大量のトイレットペーパーを流した、流してはいけないもの（ティッシュ、ナプキン、スマホなど）を流したことです。節水のためにトイレタンク内にペットボトルを入れる人もいますが、じつはこれ、水量が足りずトラブルになることもあります。

大量のトイレットペーパーが原因の場合は、しばらく放置したり、「すっぽん」と呼ばれるラバーカップを排水口に数回押し付けると、詰まりが解消されます。

それでも改善しない、流してはいけないものを流したなら、管理会社か大家さんに連絡を。賃貸契約にはトイレのトラブルの保証がある場合、火災保険が適用されることがあります。勝手に修理業者に頼むと、これらの保証が受けられないことに。

トイレ以外の水のトラブルも、まずは管理会社に連絡しましょう。

病気・ケガをしたら?

Q 高熱が出て動けないときは?

A 急な病気やケガをしたとき、「病院に行くか」「救急車を呼んだほうがいいか」を迷うことも。それに応えてくれるのが、「全国版救急受診アプリQ助」。消防庁が作成したアプリで、緊急度や受診の必要性の確認、医療機関などの情報を提供してくれます。

もうひとつ利用したいのが、自治体の相談窓口。関東や関西の一部などでは「#7119（救急相談センター）」で、相談に応じてくれます。各自治体では医療相談サービスを行なっているので、必ずチェックして電話番号を登録しておきましょう。

新型コロナウイルス感染症が疑われる場合、保健所に連絡しましょう。また、近くの病院、救急病院をリスト化し、タクシー会社の電話番号も登録を。体温計や風邪薬などは必須アイテムです。

Q ケガをしたときは？

A 自炊を始めると、指を切ったり、やけどをしたりすることがあります。ちょっとしたケガなら、自分で素早く処置しましょう。切り傷やすり傷は、傷口を水道水で洗い、絆創膏やガーゼなどで傷口を保護します。大きな傷や深い傷、出血が多い、傷口に異物が残っているときは病院へ行ったほうがいいでしょう。

やけどをしたら、患部に流水を10分以上かけて冷やします。水ぶくれができたら、潰さずに病院へ。広範囲のやけど、皮膚が変色した、顔などの目立つところにやけどした場合も患部を触らずに、病院を受診します。

ねんざや打撲したときは、保冷剤や、氷水を入れたポリ袋を患部に当てて冷やします。腫れや痛みがひどい、内出血している場合は病院に行きましょう。

害虫が出たら

Q 駆除・予防の方法は？

A ゴキブリを新聞紙で叩きつぶすのはNG。つぶすと菌を撒き散らしてしまう可能性があります。

空気の動きや音を察知して逃げるので、見つけてもあわてずに殺虫剤を吹きつけましょう。キッチンなら台所用洗剤、お風呂ならシャンプーをかけると、呼吸が止まって動かなくなります。もし隠れても、殺虫剤をまけば出てくることがあります。くん煙タイプの殺虫剤を使ってあぶり出すのも効果的です。

ゴキブリ対策は、春が肝心。ゴキブリ退治用の毒エサ（駆除剤）を室内はもちろん、ベランダやエアコンの排水口、玄関の外にも置くと、侵入を防いでくれます。

ムカデが出た場合は、殺虫剤で動かなくなるまで吹きつけます。触ると危険なので、割り箸でつかみ、ビニール袋に入れてから捨てましょう。

問題・トラブル例ととりあえずの対処

鍵をなくして入れない！ → **管理会社に連絡**

とりあえずの対処
まずは落ち着いて探すこと。管理会社にはマスターキーがあるので、連絡して開けてもらう。管理会社が不在なら鍵の業者に連絡して相談を。ただし勝手に鍵交換をしてはいけない。

家賃が払えない → **管理会社に連絡**

とりあえずの対処
わかったとき、すぐに管理会社や大家さんに相談。契約している保証会社から請求が来たりすることも。連帯保証人にも相談し、各自治体が窓口となる公的融資制度の利用も考える。

迷惑電話がかかってくる → **警察に相談**

とりあえずの対処
無言電話や不審な電話には出ない、かけ直さないのが鉄則。放置し続けると、ストーカーの場合は別の迷惑行為をしてくることも。何度もかかってくる番号は着信拒否を設定して、警察に相談。

不審者がうろついている → **警察に相談**

とりあえずの対処
いざというときに声を出せないことも多いので、事前に防犯ブザーアプリなどを入手しておく。緊急性があるときは110番に通報を。緊急性がない場合は、「＃9110番」に電話して警察に相談する。

不要なチラシがたくさん入る → **お断り文を貼る**

とりあえずの対処
郵便受けに「チラシ・フリーペーパー・宗教勧誘等印刷物の無断投函は一切お断りいたします」などと書いて貼る。「本社に電話します」「着払いで送り返します」といったひとことを入れても効果的。

ベランダに蜂の巣がある → **管理会社に連絡**

とりあえずの対処
触らずにそっとしておき、管理会社に連絡して撤去してくれるか相談を。多くの場合は、大家負担で撤去してくれる。蜂が巣をつくるのは4月から6月頃。こまめにチェックして、小さなうちに対処する。

隣人がうるさい → **管理会社に連絡**

とりあえずの対処
直接注意するのはトラブルの原因になるため、絶対にNG。管理会社や大家さんに連絡すると、対応してくれる。悪質な場合は、管理会社が法的手段をとるケースもある。

電気を止められた → **電力会社に連絡**

とりあえずの対処
当日は懐中電灯でやり過ごす。送電を再開してもらうためには、料金を支払う必要がある。検針票や振り込み用紙を用意し、電力会社に連絡して「お客さま番号」などを伝える。

■スタッフ
編集・構成・本文デザイン／造事務所
カバーデザイン／吉永昌生
文／古田由美子
イラスト／すぎやまえみこ
図版／原田弘和

はじめてのひとり暮らし安心ガイド

発行日　2022年1月26日　初版第1刷発行

編　　著　株式会社造事務所
発 行 人　磯田肇
発 行 所　株式会社メディアパル
〒162-8710
東京都新宿区東五軒町6-24
TEL. 03-5261-1171　FAX. 03-3235-4645

印刷・製本　中央精版印刷株式会社

ISBN978-4-8021-1064-8　C0077